初等教育の未来を拓く

子どもと教師のウェルビーイングに向けて

初等教育カリキュラム学会 編

大学教育出版

序　文

　初等教育カリキュラム学会は，2016（平成28）年1月に広島大学教育学部・大学院教育学研究科に置かれた初等カリキュラム開発講座の構成員を中心にして設立された学術研究団体である。現在では，大学等研究機関に所属する者，学校等の教育機関に所属する者，教育行政等に携わる者など，全国に幅広い会員を有している。

　本学会は，その名称のとおり「初等教育」を直接的な研究対象とし，幼児教育や小学校教育，特別支援教育なども含めた様々な事象を扱う。授業研究やカリキュラム研究，教育制度や教育行政，教員養成や教師教育など，初等教育に関するすべてを対象とする。特定の教科等に限定することなく，様々な専門領域を統合，融合した学術研究と教育実践を特色とする学会である。それは，学校教育の枠組みや大人の都合からではなく，子どもの視点に立って研究や実践を進めるということでもある。子どもたちは既存の枠組みや都合の中で受動的に日々を過ごしているのではない。自らの視点で自らの生活におけるあらゆる場面の経験を統合しながら，能動的に過ごし，刻々と成長しているのである。このように考えるならば，本学会の独自性と存在意義は大きい。

　世界は大きな変化を続けている。その激流の中で，教育は子どもたち一人一人の成長や幸福に向かうものとなっているだろうか。また，それを支える大人の健康や幸福は実現しているだろうか。残念ながら，教育の現状には様々な課題や疑念がある。そして，教育の未来には強い危機感を抱いている。こうした状況において，なぜ「出版」なのか。

　教育も大きな変化を続けている。しかし，変化を続けるがゆえに，なぜ今がこのようになっているのか，は考察されにくい。どのようなことが関係しているのか，どういう経緯があったのか，などが検証しにくくなっている。ある時点では当然のこととして言葉にする必要もないと思われることも，その瞬間を切り取り文字化しておかなければすぐに消えてしまう。言うまでもなく，執

筆から刊行までには，一定の時間がかかる。したがって，本書も刊行の時点で一部の内容はすでに最新ではないことであろう。それでも検証の手掛かりを残しておかなければ，螺旋的に繰り返されていく歴史から学ぶことができなくなる。出版は，現在に生きる私たちが，自分たちの位置，葛藤や課題を認識し考察することであるだけでなく，未来への責任なのである。

　本書は大きく四つの部分で構成している。まず総論では，「初等教育の現在と未来 ― 子どもと教師のウェルビーイングに向けて ― 」と題して，複雑で難解で変化を続ける初等教育という事象を俯瞰し，一定の整理を試みている。続く第Ⅰ部では「教育実践は歴史的な転換期を迎える ― デジタル化の中で考える学びの本質 ― 」として，デジタル化の中で進行する近年の教育施策等の意義や課題を考察している。第Ⅱ部では，「学校の教育課程と学習指導要領との関係を問う ― カリキュラムとマネジメント ― 」として，学校の制度や教育課程の今日的な諸課題について考察している。第Ⅲ部では，「初等教育の持続可能性 ― 未来に向けた批判的提言 ― 」として，教員養成や教育研究などの諸課題から，危機的状況にある初等教育の再構築について展望する。

　本書は初等教育カリキュラム学会の編集によるが，各章等の具体的な内容は学会員である各執筆者の責任において記述されている。学会全体の考え方や学会の総意を示すものではない。しかし，初等教育に関心をもつ者が，デジタル化が急展開する中で，新型コロナウイルスによるパンデミックを経たこの時期に，教育の現状や未来をどのように捉え，どのような問題意識を有しているかが，リアルに示されている。皆様のご批正をいただきながら議論を継続し，よりよい初等教育の創造に向かうことができれば幸いである。

2024（令和6）年12月

初等教育カリキュラム学会　会長　朝倉　淳

《 凡 例 》

1. 編集

　本書の編集は，初等教育カリキュラム学会内の出版企画編集委員会が行った。

2. 執筆者

　総論および各章の執筆は，それぞれ学会員一名または二名が担当した。

　執筆内容は学会を代表したり学会の総意に基づいたりするものではなく，基本的には執筆者自身によるものである。

　執筆者名は巻末に一覧で示した。執筆者の氏名，所属や職名等については，2024（令和6年）10月末日現在とした。

3. 表記

　仮名遣いなど本文の基本的な様式や表記は一定の統一を図った。

　ただし，本書で定めた表記に揃えることが適当でない場合は，同一章内での統一とした。

　なお，引用部分については仮名遣いや漢字表記等を含め原典のとおりとした。

4. 索引

　索引は，和文事項索引のみとした。

初等教育の未来を拓く
―― 子どもと教師のウェルビーイングに向けて ――

目 次

序　文 ……………………………………………………………… *i*

総　論　初等教育の現在と未来 ── 子どもと教師のウェルビーイングに向けて ── …………………………………… *1*

1. 初等教育のイメージと全体像　*1*
2. 授業を要とした初等教育の広がり　*2*
3. 初等教育における時間軸の問題　*5*
4. デジタル技術・AIで変わる教育　*8*
5. 子どもと教師のウェルビーイングに向けて　*9*

第Ⅰ部　教育実践は歴史的な転換期を迎える
── デジタル化の中で考える学びの本質 ──

第1章　「主体的・対話的で深い学び」の現実と未来 ………… *15*

1. はじめに　*15*
2. 「主体的・対話的で深い学び」とは　*15*
3. 各教科等における「主体的・対話的で深い学び」の解釈　*17*
4. 子どもの生活と単元学習　*21*
5. おわりに ── 将来への展望　*22*

第2章　「深い学び」の実現に必要な諸条件 ── 対話を通して自分の考えを深める授業構成の在り方 ── ……………………… *25*

1. 教育現場の現状と課題　*25*
2. 子どもが主体となり，考えを深める話し合いの場とは　*26*
3. 第6学年社会科学習「町人の文化と新しい学問」の単元開発と授業実践　*27*
4. 「深い学び」の実現に必要な諸条件とは　*31*

第3章 「個別最適な学び」の意義と課題 …………………… 35

1. はじめに　35
2. 「個別最適な学び」とは　35
3. 「個別最適な学び」の展開 — 自由進度学習を例に —　41
4. おわりに　43

第4章 「GIGAスクール構想」の意義と課題 …………… 45

1. GIGAスクール構想の概要　45
2. ICT環境がもたらす学習活動の変化　46
3. 運用上の課題　48
4. 教師の役割と学力のはかり方　49
5. 未来の社会と学びの在り方　51

第5章 ICTの活用における学習支援と課題 ……………… 55

1. はじめに　55
2. ICTの活用の目的　55
3. ICTの活用場面と内容及びツール　56
4. ICTを活用した授業の特徴　58
5. ICT活用における課題と展望　61
6. おわりに　64

第6章 デジタル教科書の導入と「児童用教科書」の未来 … 66

1. デジタル教科書の導入状況　66
2. デジタル教科書と学習者　71
3. おわりに　73

第7章 社会におけるAI活用の拡大と初等教育実践上の論点
　……………………………………………………………… 74

1. AIの急速的な社会への進展　74

2. AIと初等教育の基本問題　75
3. AI時代でも変わらない学び・教師の役割　78
4. AI時代が問い直す学び・教師の役割　80
5. 初等教育におけるAIの効果的な学習場面　81
6. 初等教育で育成したいAIリテラシー　82
7. おわりに　83

第Ⅱ部　学校の教育課程と学習指導要領との関係を問う
― カリキュラムとマネジメント ―

第8章　学習指導要領の現状と課題 ― 出発点からみた検討 ― ……… 87

1. はじめに　87
2. 学習指導要領の出発点としての「試案」　87
3. 学習指導要領の法的拘束力に関する論争と現在　89
4. 学習指導要領に示された教育課程　91
5. 学習指導要領の課題　93
6. おわりに　95

第9章　学校の教育課程の編成と実践 …………………………… 97

1. 学校と教育課程の公共性と自律性　97
2. 教育課程の国定化と教育実践の郷土化・多様化　99
3. 教育課程の国家主義化から戦後の地域教育計画へ　100
4. 学習指導要領の告示から生活科と総合的な学習の時間へ　102
5. 現行の学習指導要領と解説における教育課程の編成と実践　103

第10章　同一年齢で編制される学級集団と教育実践 ………… 107

1. はじめに　107
2. 日本における学級制度の歴史的変遷　107

3. 現在の日本における同一年齢で編制される学級の特色　*111*
　4. 今後の日本における「学級」の在り方についての展望　*113*
　5. おわりに　*116*

第11章　「社会に開かれた教育課程」の理想と現実 ── 持続可能な社会の実現を目指して ── ………………………………… *118*
　1. 「社会に開かれた教育課程」が求められる背景　*118*
　2. 「子どもに開かれた教育課程」の実現を目指して　*119*
　3. 「社会に開かれた教育課程」が目指す社会像　*120*
　4. 「社会に開かれた教育課程」における教師の役割　*121*
　5. 「社会に開かれた教育課程」を実現する授業の実際　*121*
　6. 「社会に開かれた教育課程」の実現を目指して　*128*

第12章　幼児期の教育と小学校教育との接続 ………………… *129*
　1. はじめに　*129*
　2. 幼児期の教育と小学校教育との接続に関する歴史的な変遷　*129*
　3. 幼児期の教育と小学校教育との接続の考え方　*130*
　4. 幼小一貫教育としての取り組み ── 広島大学附属三原学校園における接続 ──　*132*
　5. 地域における幼保小連携・接続教育の取り組み　*135*
　6. おわりに　*137*

第Ⅲ部　初等教育の持続可能性
　── 未来に向けた批判的提言 ──

第13章　社会における初等教育の位置と関心 ── 個の視点と社会の枠組みから捉える初等教育 ── ………………………… *141*
　1. 人生の根幹に存在する子ども時代の記憶　*141*
　2. 個人の記憶と視点から照射する初等教育の価値と位置づけ　*142*

3. 初等教育を一人ひとりの視点から捉えるための研究手法　*144*
4. 社会における初等教育の位置と重要性　*147*
5. 初等教育の適切な展開を支えるウェルビーイングな社会に向けて
　149

第14章　初等教育におけるインクルーシブ教育の課題と展望
……………………………………………………………… *151*

1. はじめに　*151*
2. インクルーシブ教育を巡るわが国の動向　*151*
3. 国連からの勧告　*154*
4. インクルージョンの基盤となる「障害学」パラダイム　*155*
5. インクルージョンが支持される理由　*158*
6. 今後に向けて　*159*

第15章　初等教育における包括的な生徒指導と条件整備　… *162*

1. はじめに　*162*
2. 生徒指導における制度的な条件整備をめぐる課題　*163*
3. 生徒指導における物的な条件整備をめぐる課題　*164*
4. 生徒指導における人的な条件整備をめぐる課題　*166*
5. 生徒指導における社会的な条件整備をめぐる課題　*167*
6. おわりに　*168*

第16章　初等教育教員の業務と働き方の問題 ― 業務改善，待遇改善，定数改善の必要性 ― …………………………… *171*

1. はじめに　*171*
2. 学校現場の現状　*171*
3. 文部科学省の進める働き方改革とは　*174*
4. 真に求められる働き方改革とは　*176*
5. おわりに　*179*

第17章　大学における教員養成の現状と未来 ── 未来の教師を励ます教職課程認定制度の改善を ── ……………… 181

1. 教員の志願者の減少：教員養成はどこへ？　*181*
2. 教員養成の変質　*181*
3. 教員養成において学生はどこでどのように成長するのか　*186*
4. 今後求められる教員養成　*189*

第18章　激動する社会の中で教育実践を支える教員研修 …… *192*

1. 「新たな教師の学びの姿」の制度化　*192*
2. 研修履歴を活用した対話に基づく受講奨励　*195*
3. 教育DXがもたらした校内研修の変化〜授業研究を中心に〜　*199*

第19章　初等教育に関する学術研究の課題と展望 ──〈初等 χ〉〈普通教育 χ〉のための新しい革袋作成のための覚書 ── … *202*

1. 〈初等教育〉の〈初等〉の意味　*202*
2. 〈初等教育〉の〈教育〉の意味　*203*
3. 〈初等普通教育〉の意味と〈初等普通教育〉の消失　*205*
4. 初等$_\mathrm{x}$教育$_\mathrm{x}$に向けて　*208*

事項索引 …………………………………… *212*

執筆者一覧 ………………………………… *214*

総論

初等教育の現在と未来
― 子どもと教師のウェルビーイングに向けて ―

1. 初等教育のイメージと全体像

「初等教育」という言葉に接したとき，どのような状況がイメージされるだろうか。一般的には，おそらく小学校の教室で国語や算数の「授業」が進行している様子が想像されるであろう。間違いではない。象徴的で重要な初等教育の一場面である。しかし，当たり前のようにそうした授業が展開されるには，様々な事柄がつながり，機能しなければならない。また授業だけが初等教育なのではない。

危機的状況にある初等教育の現在を考察し未来を描き行動していくには，様々な課題を深く考察すると同時に，それらを初等教育の全体像に位置づけ，その有機的な関連を捉えておかなければならない。ある課題について，有効に思える解決策も，その実現可能性や継続性に困難があったり別の側面に大きな負の影響があったりすれば，労力や資金をつぎ込んだほどの成果は得られないであろう。何よりも，子どもたちが成長する現場が混乱することは避けなければならない。初等教育の全体像が把握されていなければ，解決策は思いつきの域を出ないのである。今日の様々な施策は大丈夫であろうか。

本稿では総論として，初等教育に関する様々な課題の意味や所在を捉えるために，複雑な初等教育の全体像を俯瞰し可視化していくこととする。

2. 授業を要とした初等教育の広がり

(1) 小学校授業の成立

　「初等教育」と「小学校教育」は同義ではない。乳幼児期から児童期までの制度としての教育機関は小学校だけではない。また，制度外の様々な機関も存在する。家庭教育や地域における教育も存在している。このことを前提にした上で，ここでは小学校の「授業」を要として，その成立要件や初等教育の広がりを考察する[1]。

　現在，日本の各小学校では日々当たり前のように授業が展開されている。その授業が成立するためには，何が必要であろうか。ここでは，大きく次の5つに整理してみる。すなわち，学習者としての児童，実践者としての教師，学校や教育委員会等の行政組織，学校の教育課程や学習指導要領，適切な学習環境である。これらは，別々に存在するわけではなく強く結びついているため，明確には分けがたい。整理はあくまで現実的な一つの例である。

　これらの要件以外にも，初等教育の全体に関係することとして様々な法令の存在がある。公教育は法令や多くの約束事に則って展開されている。公教育を変革するということは，法令を改正したり約束事を変更したりするということでもある。その意味では公教育は「社会的」「政治的」「財政的」な営みでもある。これは，一人一人の成長や自己実現が「個人的」「人間的」「教育的」であることと微妙な関係にある。

　一方，教育実践やその発展には，様々な学問，諸科学の研究成果が関係する。大学等の研究機関や学会等の研究団体の活動は，学校現場の教育実践と結びついて進展している。教育に関係する個人，組織，政治，学術などは，結びつき支え合いながら，一定の緊張関係にもある。授業はそのような様々な関係性の中で展開されている。どんな授業計画の目標，内容，方法，評価も，授業実践そのものも，このような関係から逃れることはできない。

(2) 小学校授業の成立要件の検討

1) 学習者としての児童の存在

　学習者としての児童の存在は，授業成立に欠かせない要件である。児童数の減少など学習者の不在は，授業の開設や学校の存続そのものに直結する。児童には保護者がおり，地域社会で家庭生活を営んでいる。児童の存在や実態は，家庭や地域社会，グローバル社会から大きな影響を受ける。

　一般的に，子どもたちは同一年齢で構成される「学年」に区切られ，児童数が一定数内に収まるように学級が編制され，学級を単位として授業が展開される。学習指導要領も「学年」という区切りによる集団の存在を前提として構成されている。確かに，この仕組みには一定の合理性があろう。一方，児童の個性や実態は一人一人異なり多様である。この多様性を考えるならば，年齢で区切った集団で画一的に展開する従来型の一斉授業には不合理な側面もある。インクルーシブ教育など多様性を包摂する教育の考え方や方法は教育実践研究上の重要なテーマである。

2) 実践者としての教師の存在

　授業を計画し実践するのは教師であり，教師は授業の成立要件である。教師（教員）は免許を必要とする専門職であり，不断の研修，研鑽が求められる。日々の授業も，教材研究の深さや指導法の適切さなどが試される場である。授業においては，児童とともに教師もまた学習者であり，成長の途上にある。

　教師の存在は，教員養成，教員採用，教員研修などと関係している。それらが適切に機能しなければ，教員の力量や教員数の確保などに問題が生じる。問題の背景には，学校で教員が担う業務の内容や量，教員の処遇などの要因もあり，困難な課題となっている。さらには，進路志望の一つとして教員を検討する際には，児童生徒としての学校での体験も影響する。近年のいわゆる教員不足は，極めて重大で構造的な課題なのである。

3) 学校や教育委員会等の行政組織の存在

　一単位時間の授業であっても，それは意図的，計画的，組織的な営みであり，学校や教育委員会等による運用の中に位置づいている。また，国としての教育行政は，文部科学省が所管するとともに他の省庁とも関係している。それ

は学校の授業が私的な営みではなく，公教育としての行政的な営みであることを示している。行政組織もまた，授業成立の要件の一つと考えられる。

4）学校の教育課程や学習指導要領の存在

一単位時間の授業は，教科の場合，一般的に単元計画の中に位置づいている。また，単元計画は，当該教科の年間指導計画に位置づいている。小学校等のある学年のある教科の年間指導計画は，教科としての一定の系統性の中に位置づくとともに，同一学年の他教科等との関連の中に位置づいている。これらの全体は各学校が「社会に開かれた教育課程」として編成するが，その枠組み，目標や内容や授業時間数などは国の教育課程として文部科学省が告示する学習指導要領に拘束されている。各教科には文部科学省の検定を受けた児童用教科書があり，授業実践に大きな影響力をもつ。

小学校の中で，第1学年から第6学年までの様々な教科等の授業が円滑に進行していくには，学校全体として調整された「時間割」が必要となる。時間割では特別教室や体育館使用の割り振りなど，学級数や学校の施設，設備の状況も考慮しなければならない。

このように学校の教育課程や時間割，学習指導要領の存在は，授業が成立するための要件なのである。

5）適切な学習環境の存在

ここでいう学習環境とは，教室内の机の配置や壁面の掲示などに加え，授業で使用する器具やデジタル黒板などの備品，エアコンやインターネット接続のための回線などの設備である。また，広く教室や体育館やグラウンド，プールなどの施設の全体を含めての学習環境である。さらには，学校の存在する地域もまた学習環境である。

授業が成立するためには，このような学習環境が必要であり，その状況は授業の可能性を広げたり制限したりするものである。社会のデジタル化が進行しても，仮想空間という学習環境のみで初等教育のすべての授業が成立するとは考えにくい。

(3) 小学校授業成立要件の広がり

　ここまで検討した小学校授業の成立要件などの広がりを，図S-1のように示す。授業を要にした整理であるが，初等教育の多くの課題や論点はこのような広がりの中に存在する。また，児童，教師ほか，特定の誰かの立場に立ってこの広がりを眺めるならば，一人一人異なる初等教育の世界が見えてくるであろう。

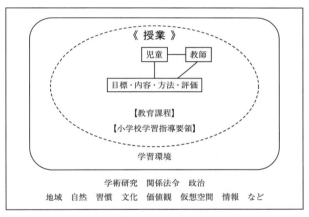

図 S-1　小学校授業成立要件の広がりのイメージ

3. 初等教育における時間軸の問題

(1) 初等教育における時間軸

　初等教育は学習者である児童の成長に関する事象である。人の成長には時間の経過が伴う。教師もまた人であり，教師になるまでの過程やその後の過程がある。教育実践を支える教育課程や諸制度もそれが整ったり機能したりするまでには時間が必要である。授業の成立要件として示した事象を含め，教育を取り巻くあらゆる事象は変化を続けている。一方で，例えば教育課程や制度は柔軟には変更しにくいため，常に現実社会との「ずれ」が生じる。ようやく整った教育課程や制度も，その瞬間にすでに現実社会とずれているのである。

それでも，教育実践は一時停止することができない。子どもたちは今しかない時間の中で，適時に学び成長していく。3年間を超える新型コロナウィルス禍では，学校，家庭，地域において，様々な学習機会が失われたり制限を受けたりした。それが子どもの成長に負の影響となったことは，世界中の保護者や教育関係者が実感したところである。

　このように初等教育を理解したり検討したり実践したりする際に「時間軸」は重要な視点である。初等教育の諸課題は，日々の教育実践を継続しながら，取り組んでいくほかないのである。

(2) 学習者の時間軸

　小学校第4学年のある学級で授業が進行しているとする。30人の児童がいるとき，その30人は同じ個性や実態をもってその場に存在するのではない。誕生以来，乳幼児期を経て現在までおよそ10年間にわたる自分自身の人生を生きてきた1人の児童が，それぞれの人生を生きてきた他の29人の児童とともに，今この授業に参加しているのである。一人一人の個性や人生が異なるからこそ，授業において対話や学び合いが成立し，それぞれが成長するのである。個に焦点を当てて，一人一人の児童の時間軸を意識して教育を展開することは大前提とすべきことである。

　一方，広く社会全体に焦点を当てるならば，子どもの存在は，人類の持続可能性にも関係する課題である。子どもが誕生し，成長しなければ，社会は持続しない。人類が生き延びていくには，子どもたちの存在は不可欠である。しかし，多くの国で進行する今日の少子化は，子どもたちの存在が当たり前ではないことを示している。社会が存続し人類が生存するには，子どもたちの存在や子どもたちの教育が最優先の課題であり，それについての社会的な同意が重要である。子どもたちが存在し成長することは，社会全体の課題であり，性別や年齢ほかの多様性にかかわらず，すべての人が当事者なのである。

（3）教師の時間軸

　教師一人一人に，自らが児童であった時代を含め教師になるまでの過程，教師になってから現在に至る過程，そして未来という時間軸がある。一人の教師にとって，いわゆる教員養成，教員採用，教員研修の経験と人生におけるすべての経験は，教師の時間軸として重要な意味を持っている。

　社会的にはどうであろうか。日本の学校教育は1872（明治5）年の学制に始まる。この時期に全国に小学校が創設された関係で，2022（令和4）年度には全国の多くの学校で創立150周年を迎えることとなった。当時の重要課題は，教員の確保であった。その後，教員養成を目的とした学校も創立され一定の年月をかけて教員養成の制度は整ったように思われたが，近年は必要な教員が確保できない状況となっている[2]。計画的で，柔軟性，実効性のある制度設計や取り組みが急がれるところである。

（4）教育課程の時間軸

　前述のとおり，学校の授業は学習指導要領に則って展開されている。近年の学習指導要領の改訂は，およそ次のように行われている[3]。
　①文部科学大臣が教育課程について，中央教育審議会などの審議会に諮問
　②審議会は審議を重ね，その結果を文部科学大臣に答申
　③文部科学省は答申を学習指導要領に具体化し告示
　④新学習指導要領に準拠した教科書の編纂・検定・採択／移行措置の実施
　⑤新学習指導要領の全面実施

　①の諮問から⑤の全面実施までは5～6年を要している[4]。その間も現実社会は刻々と変化をしている。近年の改訂は，およそ10年ごとに行われているが，日本の義務教育の年数が9年間であることから，子どもたちは義務教育として学ぶ期間のどこかで学習指導要領の改訂に遭遇することになる。義務教育段階を終える範囲であっても，一人一人の児童生徒にとっては一貫した教育課程ではないのである。

4．デジタル技術・AIで変わる教育

（1）文字による革命と初等教育の始まり

　社会で急速にデジタル技術・AI（Artificial Intelligence：人工知能）が進展している。2023年は，生成系のAIがG7広島サミットほかにおいて議論のテーマとなった年でもあった。教育現場においても，コロナ禍により一人一台端末とする「GIGA（Global and Innovation Gateway for All）スクール構想」が急展開し，今では授業における端末の活用などICT活用は日常的に行われている。こうした状況の意味をどう考えればよいだろうか。

　デジタル技術・AIに関係が深い人類史上の出来事として，文字の発明を挙げることができよう。文字の発明以降，知識や技術を文字によって可視化し，保存，継承できるようになった。また，より複雑な思考や表現を生み出したり伝えたりできるようになった。人間は自分自身の身体の外に記憶，記録の手段を持ったのである。しかし，文字を習得し使用できるのは限られた人々であった。文字の習得には，計画的な教育，意識的な学習が必要である。産業革命以降，人々の読み書きは，近代国家，産業社会の要請ともなり，初等教育が整備された。その結果，多くの国においてほとんどの人が読み書き可能な社会が実現している[5]。そして，学問，諸科学の進展とも相まって知識や技術は格段に増加，進展したのである。文字の発明から一人一人の文字習得までに関する様々な状況は，現在進行を続けるデジタル化やAIがどのように展開するのかを考察する参考となるであろう。

（2）デジタル技術・AIで変わりつつある初等教育

　デジタル技術はアナログであった文字を電子化した。情報の作成や保存，編集は容易になり，インターネット技術との融合により情報をデータとして蓄積したり，伝達したり，検索・活用したりすることが可能となった。これがAI，さらには生成AIにつながり，今日では急速な進展を遂げている。こうした状況は，初等教育に何をもたらすのであろうか。

様々なデジタル技術・AIは，特別支援教育において一人一人の特性に応じた支援，環境構成として活用されている。また，広く一人一人の学習の状況や特性に応じた教材や指導の提供が可能となっている。一方で，視覚や姿勢などの健康面，習慣・時間・金銭などの生活面，身体性や感覚など経験の質，リアルなコミュニケーションや社会性などについて懸念されている[6]。特に生成AIについては，著作権・肖像権侵害の可能性，差別・偏見など社会問題の再生産，誤情報・偽情報の混入や拡散，真偽の判別の困難性，AI活用の結果に対する責任の所在などについても懸念されている[7]。

生成AIが質問に答えて文書や画像を作成する時代に，人が知識や技術を獲得したり，何かを考えたり表現したりすることの意味は何であろうか。「人は何のために何をどのように学ぶのか」「何のために何をどう考え実行するのか」ということが問い直されるであろう。初等教育はその意味や在り方を問われているのである。

5. 子どもと教師のウェルビーイングに向けて

(1) 激動期の初等教育

現在から未来に向けて私たちが抱えている課題は，デジタル技術・AIに関することだけではない。地球温暖化による気候変動，微小プラスチックなどによる海洋汚染，核兵器の開発や保有を含む国際安全保障など，様々な課題が存在する。それらの課題には，総合的でグローバルであること，人類の生存に関わること，人間の営みに起因していること，という共通点がある。未来に生きる人々は，これらの課題に継続して取り組むことになる。それは，見方を少し変えるならば，人間自身，自分自身に対する取り組みでもある。一人一人が「人間」についての理解を深めるとともに，自分自身の生き方を変革することが必要なのである。そのような状況の中，初等教育をどのように進めればよいだろうか。

2017（平成29）年の小学校学習指導要領の改訂期において，キーワードとなった「資質・能力の育成」「主体的・対話的で深い学び」「探究」「個別最適

な学び」などは，現代・未来社会の諸課題に取り組みながらよりよく生きていく子どもたちの教育を考えたものであろう。しかし，掛け声だけでは実現しない。同時に，様々な条件整備も進行しなければならない。世界が危機にある中，教育の考え方や実際について，継続的に検討しつつ総合的な取り組みを続けることが必要なのである。

（2）子どもと教師のウェルビーイング

　激動の時代であっても，生物としての人間が急に進化をするわけではない。どんな時代であっても変わることのない初等教育の姿とはどのようなものであろうか。先が見通せないからこそ本質的な在り方は大切であろう。
　「ウェルビーイング」は，幸福や健康など人がよりよい状態であることを言う。子どもたちや教師を含めほとんどの人はそのような現在や未来を望んでいるであろう。もちろん何が幸福であるかは人によって異なる。ただ，何かを学ぶことは，進学や就職が最終目的ではないはずである。もちろん自分や人を傷つけるためでもない。現代社会において，教育の一部の側面にとらわれて，結果的に自分や人を不幸にしたり社会を歪めたりしてはいないだろうか。今こそ，人々が集い，一人一人の人生の初期に位置づく初等教育の在り方について，広く深く柔らかく検討し，未来を描いて行動していかなくてはならない。様々な「不安」が未来を覆い隠してしまう中，子どもたちと私たちに必要なのは「希望」である。

（朝倉　淳）

注
1)　コロナ禍において，オンライン授業が「授業」として数えられるのかどうかに関する混乱があった。この件に象徴されるように「授業」の定義は明確ではないが，紙幅の関係でここでの考察は避ける。
2)　近年の教員不足に関しては，例えば，文部科学省は 2023 年 6 月に各都道府県教員委員会，各政令指定都市教育委員会に『『教員不足』への対応等について（アンケート結果の共有と留意点）」を通知するなどしている。
3)　現行の小学校学習指導要領に関しては次の通りである。2014（平成 26）年 11 月，文部科学大臣から中央教育審議会に諮問「初等中等教育における教育課程の基準等の在り方につ

いて」。2016（平成28）年12月，中央教員審議会「幼稚園，小学校，中学校，高等学校及び特別支援学校の学習指導要領等の改善及び必要な方策等について（答申）」。2017（平成29）年3月，文部科学省告示「小学校学習指導要領」。2018（平成30）年度及び2019（平成31・令和元）年度，移行措置。2020（令和2）年4月，「小学校学習指導要領」全面実施。
4) 上記注3）で示した改訂の場合は，諮問から全面実施までおよそ5年4か月であった。
5) 男女別識字率（UNESCO Institute for Statistics, UIS. Stat），総務省統計局（2023）「世界の統計2023」，https://www.stat.go.jp/data/sekai/index.html
6) トレーシー・バーンズ，フランチェスカ・ゴットシャルク編著，経済協力開発機構（OECD）編（2021），アンデシュ・ハンセン（2020）ほか参照。
7) 2023年7月に文部科学省は「初等中等教育段階における生成ＡＩの利用に関する暫定的なガイドライン（通知）」および関係資料を発出しているが，本格的な議論はこれからである。

参考文献

朝倉淳（2021）「コロナ禍における学校教育の課題と展望 ― 生活科・総合的学習の存在意義 ― 」，日本生活科・総合的学習教育学会編『せいかつか＆そうごう』第28号，pp.1-10.
アンデシュ・ハンセン著，久山葉子訳（2020）『スマホ脳』新潮新書．
アンデシュ・ハンセン著，御舩由美子訳（2022）『運動脳』サンマーク出版．
OECD教育研究革新センター編著，西村美由起訳（2023）『創造性と批判的思考　学校で教え学ぶことの意味は何か』明石書店
金間大介（2022）『先生，どうか皆の前でほめないで下さい　いい子症候群の若者たち』東洋経済新報社．
経済協力開発機構（OECD）編著，LINEみらい財団監訳，齊藤長行，新垣円訳（2022）『デジタル環境の子どもたち　インターネットのウェルビーイングに向けて』明石書店．
白辺陽（2023）『生成AI　社会を激変させるAIの創造力』SBクリエイティブ．
スージー・ボス，ジョン・ラーマー著，池田匡史，吉田新一郎訳（2021）『プロジェクト学習とは ― 地域や世界につながる教室 ― 』新評論
総務省統計局（2023）「世界の統計2023」https://www.stat.go.jp/data/sekai/index.html
出口康夫（2023）『京大哲学講義　AI親友論』徳間書店
トレーシー・バーンズ，フランチェスカ・ゴットシャルク編著，経済協力開発機構（OECD）編，西村美由起訳（2021）『教育のデジタルエイジ　子どもの健康とウェルビーイングのために』明石書店．
トレーシー・バーンズ，フランチェスカ・ゴットシャルク編著，経済協力開発機構（OECD）編，西村美由起訳（2022）『感情的ウェルビーイング　21世紀デジタルエイジの子どもたちのために』明石書店．

バトラー後藤裕子（2021）『デジタルで変わる子どもたち――学習・言語能力の現在と未来』筑摩書房．

ピーター・グレイ著，吉田新一郎訳（2018）『遊びが学びに欠かせないわけ』築地書館．

メアリアン・ウルフ著，大田直子訳（2020）『デジタルで読む脳×紙の本で読む脳「深い読み」ができるバイリテラシー脳を育てる』インターシフト

明和政子（2019）『ヒトの発達の謎を解く　胎児期から人類の未来まで』ちくま新書．

文部科学省（2018）『小学校学習指導要領（平成29年告示）解説　総則編』東洋館出版社．

リード・ホフマン，GPT4著，井上大剛・長尾莉紗・酒井章大訳（2023）『ChatGPTと語る未来　AIで人間の可能性を最大限に引き出す』日経BP．

第Ⅰ部

教育実践は歴史的な転換期を迎える
― デジタル化の中で考える学びの本質 ―

第1章

「主体的・対話的で深い学び」の現実と未来

1. はじめに

　変化し続ける社会や生活の中で，学校教育や授業の在り方が問い直され，各国・地域でコンピテンシー（資質・能力）を基盤にした教育が進んでいる（白井，2020）。文部科学省の中央教育審議会（2016）は，学習指導要領等の改訂に向けた答申において，「予測困難な時代に，一人一人が未来の創り手となる」ことを掲げ，学校教育や授業の発想転換を図ろうとした。こうした文脈で「主体的・対話的で深い学び」は子どもの資質・能力を育むための「授業改善の視点」として提起され，2017（平成29）年の学習指導要領を象徴するキーワードとなった。

　主体的・対話的で深い学びは，初等教育（幼児期の教育・小学校教育）の在り方をいかに問い直そうとしたのか。今後に向けて，何を考えるべきか。本稿では，主体的・対話的で深い学びをめぐる政策文書，議事録，関連文献等を検討することで，保育及び授業の研究・改善の課題を明らかにしていく。

2.「主体的・対話的で深い学び」とは

(1) 定義

　主体的・対話的で深い学びは，授業改善の視点であり，「学校教育における質の高い学びを実現し，学習内容を深く理解し，資質・能力を身に付け，生涯にわたって能動的（アクティブ）に学び続けるようにすること」と定義される

(中央教育審議会，2016)。また，中央教育審議会（2016）は「人間の生涯にわたって続く『学び』という営みの本質」(p.49)を捉えた上で，教師が指導をしていく必要性を指摘している。奈須（2017）は，主体的・対話的で深い学びとは「内容中心から資質・能力を基盤としたものへと学力論を拡張した」(p.147) ものであり授業づくりや学習指導の在り方に通じるという。

　中央教育審議会（2016）は，主体的・対話的で深い学びの実現のために視点を提示した。そして，各教科等の固有性を重視し，単元学習を基本とした。例えば，社会科は「問題解決的な学習の充実」と説明している（小倉，2022, p.13）。他教科でも「問題解決」や「言語活動」等の子どもの学習過程が強調された（中央教育審議会, 2016)。また，学習指導と生徒指導の関連付けによって，子どもが安心して学び，育つための環境や人間関係づくりを大切にしている。

(2) 政策議論とその過程

　主体的・対話的で深い学びは，学習指導要領改訂において，アクティブ・ラーニングの視点を取り入れていく過程で作り出された概念である。アクティブ・ラーニングが教育政策上で注目されたのは，2012（平成24）年に中央教育審議会が示した「大学教育の質的転換」を図るための答申であり，教育潮流を生み出した（田村, 2018)。初等中等教育では，学習指導要領改訂に向けて，文部科学大臣から中央教育審議会へ諮問が行われた際に「課題の発見と解決に向けて主体的・協働的に学ぶ学習（いわゆる『アクティブ・ラーニング』やそのための指導の方法等を充実させていく）」ことが示された（中央教育審議会, 2014)。学習指導要領改訂では，中央教育審議会内に各学校種や教科等の作業部会を設置する前に，教育課程企画特別部会が組織され，教育課程全体の議論が行われた（教育課程企画特別部会，2015a；水原, 2017)。アクティブ・ラーニングは，教育課程企画特別部会を中心にした議論を経て，「主体的・協働的な学び」から「深い学び，主体的な学び，対話的な学び」，そして「主体的・対話的で深い学び」へ変更された。奈須（2017）や清水（2018）は，アクティブ・ラーニングは日本で行われてきた実践の中にあるという。一方，難

波（2017）は国語科において，これまで蓄積されてきた言語活動の学術的な議論との接続が図られないままにアクティブ・ラーニングの導入が推し進められたとも指摘する。

　教育課程企画特別部会では，主体的・対話的で深い学びを教育方法に収斂させずに子どもの資質・能力，そして教育課程全体および教科の在り方と連動した議論を展開している。例えば，委員の奈須は，「社会生活の中で学んでいるときには，必ず深い対話的で主体的な学び」を行っており「学校も普通にしようというだけ」と述べている（教育課程企画特別部会，2015c）。各教科が「コンピテンシーの育成ということを図ったばかりに，コンテンツがそこから遊離したり，各教科がその教科の本質や教科の特性から遠いことをやり始めるということは，余り得策ではない」とも指摘されている（教育課程企画特別部会，2015b）。

　こうした議論を経て「主体的・協働的な学び」ではなく「『深い学び』を示すことによって，各教科等の固有性や本質を視野に入れた質の高い学びを目指すことが明確になった」という（田村，2018，p.29）。つまり「主体的な学び」と「対話的な学び」だけでは，授業改善には不十分であり，「深い学び」の視点が作り出された（文部科学省初等中等教育局教育課程課，2017）。

3. 各教科等における「主体的・対話的で深い学び」の解釈

(1) 答申及び学習指導要領の記述

　主体的・対話的で深い学びを実現するための視点は，中央教育審議会（2016）答申で明記され，学習指導要領の「指導計画作成上の配慮事項」に位置づけられている。基本理念は共有しつつも，校種や教科等の特性によって解釈の相違を見いだすことができる。例えば，初等教育の中でも，幼児教育と生活科・総合的学習は，子どもの生活から学習を立ち上げ，その中で子どもの資質・能力を育成し，人間形成を志向するものとなっている。一方，他教科等では論点の限定化が図られている。例えば，社会科は子どもの概念形成とその実生活への応用を志向するものとなっている。以下，具体的に説明する。

2017（平成29）年および2018（平成30）年の学習指導要領等の改訂では，幼児教育から高等学校の議論を一体的に行った。幼児教育では遊びを学びと位置付けて「アクティブ・ラーニングの視点から，絶えず指導の改善を図っていく必要がある」とする（中央教育審議会，2016，p.80）。

- 主体的な学び：<u>周囲の環境に興味や関心を持って積極的に働き掛け</u>，見通しを持って粘り強く取り組み，<u>自らの遊びを振り返って</u>，期待を持ちながら，次につなげる「主体的な学び」が実現できているか。
- 対話的な学び：他者との<u>関わりを深める中で</u>，自分の思いや考えを表現し，伝え合ったり，考えを出し合ったり，協力したりして<u>自らの考えを広げ深める</u>「対話的な学び」が実現できているか。
- 深い学び：直接的・具体的な体験の中で，「見方・考え方」を働かせて<u>対象と関わって心を動かし</u>，幼児なりのやり方やペースで試行錯誤を繰り返し，<u>生活を意味あるものとして捉える</u>「深い学び」が実現できているか。

（中央教育審議会，2016，pp.80-81，下線部は筆者）

　子どもは能動的に生活の場としての環境（外界）に働きかける主体と捉えられており，遊びの中に学びの視点を見いだしている。また，子どもが対象と関わる中で心からやりたいと思い夢中になる（遊び込む）ことで，日々の暮らしが意味あるものになると考えられる。河邉（2017）は，幼児が生活や遊びをする中で得た過去の体験が目の前の体験と結び付くことが重要と指摘する。つまり，幼児教育が従来から行ってきた人間形成としての議論に主体的・対話的で深い学びを溶け込ませて，幼児教育としての視点を作り出している。

　幼児教育の議論を参照しながら，ワーキンググループの運営を行ったのが生活科・総合的学習である。幼児期の学びや育ちを受け継ぎ，伸ばしていく教育として，生活科・総合的学習の役割が自覚的に語られている。総合的学習の「学習指導要領解説」（文部科学省，2017c）における主体的・対話的で深い学びの説明は，すべての教科等を包摂しうるものとなっている。

　特に，対話的な学びは「他者との協働や外界との相互作用を通じて，自らの考えを広げ深めるような学び」とある（文部科学省，2017，p.113）。子どもが他者との協働や外界との相互作用」によって，学習していく過程となってい

る。ここでは，「知識や技能の構造化」「情報収集」に加えて，「新たな知を創造する場の構築と課題解決に向けた行動化」という局面で説明される（文部科学省，2017, p.113）。知識は文脈の中で，そこの場にいる他者とともに社会的に構築されると捉えられている。

　生活科では，「これまでと同様に，児童の思いや願いを実現する体験活動を充実させるとともに，表現活動を工夫し，体験活動と表現活動が豊かに行きつ戻りつする相互作用を意識する」とある（文部科学省, 2017, p.94）。以下，「深い学び」に注目する。

> 思いや願いを実現していく過程で，一人一人の児童が自分との関わりで対象を捉えていくことが生活科の特質である。「身近な生活に関わる見方・考え方」を生かした学習活動が充実することで，気付いたことを基に考え，新たな気付きを生み出し関係的な気付きを獲得するなどの深い学びを実現するようにする。低学年らしいみずみずしい感性により感じ取られたことを，自分自身の実感の伴った言葉にして表したり，様々な事象と関連付けて捉えようとしたりすることを助けるような教師の関わりを実現していくことが大切である。
> 　　　　　　　　　　　　　　　　（文部科学省，2017a, p.94, 下線部は筆者）

　子どもが対象の中の関係を見いだしたり，自己との関係を捉えていくことが学習の深さになっている。学習過程では「みずみずしい感性」という表現が用いられている。学習を深めていく上で，子どもの感性や情緒が重要であることは，生活科の中で議論が深められてきた（加納, 2017；鹿毛, 2021）。

　幼児教育と生活科・総合的学習は，従来からの特性の中に主体的・対話的で深い学びの視点を溶け込ませ，その概念を利用して教育課程上の価値を明確化しようとしている。一方，社会科は「深い学び」を「社会的事象の特色や意味など社会の中で使うことのできる応用性や汎用性のある概念などに関する知識を獲得する」と「社会に見られる課題を把握して，その解決に向けて社会への関わり方を選択・判断する」と説明している（文部科学省, 2017b, p.136）。子どもの概念形成とその実生活への応用を目指すものとなっている。

(2) 生活科・総合的学習の政策議論

　生活科・総合的学習は，創設当初から子どもを主体にした学習観を教育政策上も堅持し続けている。それゆえ学習指導要領改訂では，その視点をいかに更新し，再構築するかが論点となっていた。生活科・総合的学習のワーキンググループ（以下，議事録の引用はWGと略記）の全9回の議論に注目する。

　まず，主査代理の野田敦敬は，「『個別の知識・技能』とあるのですが，全ての教科でこの用語が使われていると思います。生活科の場合，個別の知識を気付きと読み替えていいのか」と質問を行っている（WG1，2015）。教育課程企画室長の大杉住子から幼児教育でも同様の議論を進めていること（WG1，2015）が説明され，生活科・総合的学習で，他教科と差異化を図るために使用してきた用語の再定義が，議論の俎上にあがった。

　続いて，委員の奈須正裕が「総合は資質・能力を第一優先で目指す。もう一つ，やっぱり答えが一つに定まらない問いを扱うということ，それから，教科横断的にアプローチ，実社会，実生活の問題を扱うというあたりに存在意義があったと思うのですが，資質・能力の育成ということを各教科でやるということになったのはいいことだと思います。けれど，やっぱり総合の独自性ということをどこに求めるか，教育課程上の任務をどこに求めるかと」（WG1，2015）と問いかけている。奈須は，知識の質的転換が「中核」と述べ，「先行してやってきた総合，生活科が今回そういう動きの中でどういう再定義をするか，位置付け直しをするか，あるいは分担をするかということが大事かなと思っています」と指摘している（WG1，2015）。委員の中村泰子は，「生活科の中に埋もれているところの知識・技能をどう整理するか」とも提起した（WG1，2015）。

　第3回の審議では，奈須が「子供たちが現実にどういうコンテクストの中に今暮らして，存在しているかということがあり，そこに存在するコンテクストをより自分たちにとって望ましいものに組み替えていこうということが生活を創造することかなと思うのです。そのときにコンテンツやコンピテンシーを必要とするという方向」と指摘している（WG3，2016a）。生活科では，子どもの暮らし（生活）及びそこに生きる人間観（生活者像）を問い直すことの必

要性に及んでいる。また，教師に用意された教材で一見楽しそうな活動を行うことに終始している現状が問題視された（WG3，2016a）。

　第7回の審議で，委員の久野弘幸は「比較，分類，関連づけ等」と明記された思考の在り方について，「あえてそこをそういう表現をしてこなかったというところもある」と述べた上で，「生活科の役割をもう一度，広げるという意味も含めて，それまでの中核だった，先ほどの感性や愛着というところは見失わないように表現もしつつ」，さらに思考力などに「踏み込んでいく」という生活科に変えていく必要性を指摘した（WG7，2016b）。一連の議論から，生活科は初期の理念を継承し続けてきたが，創設当初から表面化していた課題が解決されていない現状も浮かび上がっている。これらは，学術的に検討していくことが求められる。

4．子どもの生活と単元学習

　教科等の先行研究における「主体的・対話的で深い学び」の扱い方には，3つの特徴を見いだすことができる。第1は，教科等の特性の中に，主体的・対話的で深い学びを溶け込ませようとするものである。例えば，総合的な学習の時間（木村，2017）や生活科（加納，2017），国語科（田近，2022ab）等でみられる。第2は，子どもの概念形成に焦点を当てて，各教科等の中で蓄積されてきた視点に読み替えを図るものである。例えば，理科（野原ほか，2018）等で見られる。第3は，教育心理学や学習科学の理論を教科等に適用し，主体的・対話的で深い学びと接続を図るものである。例えば，萬谷（2018）は「動機付け」を重視した外国語の学習を提案している。

　本稿では第1の内，国語教育での田近（2022ab）に注目する。田近（2022a）は，主体的・対話的で深い学びを解釈し「『書くこと』にしても『読むこと』にしても，その学習は，問題を捉え，追究し，自分の考えをまとめる（一つの意味世界を生成する）といった，過程的行為として成立する」と述べ，子どもが自分自身の「内なる『問い』」をもつことを「深い学び」としている（p.10）。問いの基盤には，子どもの思いが据えられている。学習過程の中で，子どもが

自分を作っていくことが志向されている。田近（2022ab）には，子どもが自分の場（文脈）の中で体験（読み）によって，対象がもつ世界（意味や思い，背景等）に言葉を媒介として関わることで，子どもが思いをもち，問いに気付き，深め，拡張し，そこに生きる自分自身の思想を作っていく学習過程がみられる。言語活動は，資質・能力としての技能に収斂されていない。このような発想は，生活科や社会科を始めとした他教科等の問い直しにつながる。

元来，生活科は子どもが生活のストーリー（文脈）の中で，直接的な体験活動によって，環境（人・物・事）に身体を通して関わることで，子どもが思いや願いをもち，対象がもつ意味や背景に気付き，深め，拡張し，そこに生きる自分の暮らしを作っていく学習過程をとっている（朝倉，2008；文部科学省，2017b）。それゆえ，入学後や秋といった子どもの生活文脈を学習指導案でも重点的に記載する。ここには，田近（2022ab）のような国語教育と近接した発想がある。実生活の文脈でこそ，教科同士は結びつき，子どもの中で溶け合い，学びとなる。

一方，社会科において生活の文脈は，子どもが学習の有意義性を感じるための手段として，限定的に捉えられている。社会科は，子どもの生活との関係性を問い直す必要があるだろう。田近（2022ab）の発想は，各教科等の役割を担保した上で，子どもの生活にとって意義のある学びを生み出すことへの示唆をもたらしている。

5. おわりに ― 将来への展望

子どもは受動的に教育を受ける存在ではなく，主体をもった存在として「エージェンシーを発揮して教育に積極的に参加し，教師と協働する存在として期待される」（白井，2020，p.56）。幼児期の教育では，子どもが心からやりたいと思い夢中になること（遊び込む）中で，体験を関連付けていくことが学びとなっていく。そして，小学校は，子どもが自己を学習の主体として自覚できることが，主体的・対話的で深い学びの起点となる。教師と子どもたちが，子ども一人一人の生活文脈（空間や時間）を共有することが鍵となる。言

い換えれば，場とストーリーを共にし，作り出すことである。

　初等教育（幼児期の教育・小学校教育）の保育および授業等の研究や改善は，政策概念を利用して，各教科等の議論を交流させながら，結節点を見つけ出すことも必要ではないだろうか。その意味で，主体的・対話的で深い学びをはじめとした，学校種や教科等を貫く概念が提起されたことは，一つの意味をもっている。こうした動向を踏まえつつ，初等教育としてのカリキュラム開発や授業研究の理論や実践を生み出していく必要があるのではないか。

（渡邉　巧）

参考文献

朝倉淳（2008）『子どもの気付きを拡大・深化させる生活科の授業原理』風間書房．

小倉勝登（2022）「社会科における主体的・対話的で深い学びの視点からの授業改善」文部科学省教育課程課／幼児教育課『初等教育資料』1025，東洋館出版社，pp.13-15．

鹿毛雅治（2021）「人間らしい学びと「生活科」「総合」― あらためて「主体的・対話的で深い学び」を読み解く ― 」野田敦敬・田村学編著『学習指導要領の未来 ― 生活科・総合そして探究がつくる令和の学校教育 ― 』学事出版，pp.156-165．

加納誠司（2017）「アクティブ・ラーニングを実現させる「深い学び」に導く生活科授業の創造 ― 次期学習指導要領改訂を視野に入れ ― 」『愛知教育大学研究報告．教育科学編』66，pp.19-27．

河邉貴子（2017）「遊びを中心とした保育とアクティブ・ラーニング」全国国公立幼稚園・こども園長会『幼児教育じほう』45（4），pp.13-19．

木村光男（2017）「「主体的・対話的で深い学び」の本質 ― 総合的な学習の時間を通して ― 」『常葉大学教育学部紀要』38，pp.159-169．

教育課程企画特別部会（2015a）第1回議事録．

教育課程企画特別部会（2015b）第4回議事録．

教育課程企画特別部会（2015c）第14回議事録．

教育課程部会・生活・総合的な学習の時間ワーキンググループ（2015）第1回議事録．

教育課程部会・生活・総合的な学習の時間ワーキンググループ（2016a）第3回議事録．

教育課程部会・生活・総合的な学習の時間ワーキンググループ（2016b）第7回議事録．

清水美憲（2018）「「主体的・対話的で深い学び」は行われていないのか ― 数学科授業の国際比較研究から浮かび上がる日本の授業の特質 ― 」『日本教材文化研究財団研究紀要』47，pp.19-29．

白井俊（2020）『OECD Education2030プロジェクトが描く教育の未来 ― エージェンシー，資

質・能力とカリキュラム ―』ミネルヴァ書房．
田近洵一（2022a）『国語教育改革の視点 ―「学び」を通して，人間として生きる ―』東洋館出版社．
田近洵一（2022b）『生活主義国語教育の再生と創造』三省堂．
田村学（2018）『深い学び』東洋館出版社．
中央教育審議会（2012）「新たな未来を築くための大学教育の質的転換に向けて〜生涯学び続け，主体的に考える力を育成する大学へ〜（答申）」https://www.mext.go.jp/b_menu/shingi/chukyo/chukyo0/toushin/1325047.htm
中央教育審議会（2014）「初等中等教育における教育課程の基準等の在り方について（諮問）」https://www.mext.go.jp/b_menu/shingi/chukyo/chukyo0/toushin/1353440.htm
中央教育審議会（2016）「幼稚園，小学校，中学校，高等学校及び特別支援学校の学習指導要領等の改善及び必要な方策等について（答申）」https://www.mext.go.jp/b_menu/shingi/chukyo/chukyo0/toushin/1380731.htm
奈須正裕（2017）『「資質・能力」と学びのメカニズム』東洋館出版社．
難波博孝（2017）「アクティブ・ラーニングに潜む欲望とその先」全国大学国語教育学会『国語科教育』81，pp.9-10．
野原博人・和田一郎・森本信也（2018）「主体的・対話的で深い学びを実現するための理科授業デザイン試論とその実践」日本理科教育学会『理科教育学研究』58（3），pp.293-309．
水原克敏（2017）「教育課程政策の原理的課題 ― コンピテンシーと 2017 年学習指導要領改訂 ―」日本教育学会『教育学研究』84（4），pp.25-37．
文部科学省（2017a）『小学校学習指導要領（平成 29 年告示）解説　社会編』日本文教出版．
文部科学省（2017b）『小学校学習指導要領（平成 29 年告示）解説　生活編』東洋館出版社．
文部科学省（2017c）『小学校学習指導要領（平成 29 年告示）解説　総合的な学習の時間編』東洋館出版社．
文部科学省初等中等教育局教育課程課（2017）「主体的・対話的で深い学びの視点からの授業改善について」文部科学省教育課程課／幼児教育課『初等教育資料』960，東洋館出版社，pp.2-7．
萬谷隆一（2018）「小学校外国語における主体的・対話的で深い学び」『日本教材文化研究財団研究紀要』47，pp.4-9．

第2章

「深い学び」の実現に必要な諸条件
― 対話を通して自分の考えを深める授業構成の在り方 ―

1. 教育現場の現状と課題

　現在，教育現場においては，「主体的で対話的な深い学び」の実現に向けて，授業改善が行われている。どのような授業を行えば，子どもが学びの主体となり，考えることができるのか，試行錯誤が繰り返されている。その中で，多くの教師があげる課題は，話し合いの場面で子どもの意見が深まらないという，「深い学び」の実現に関することである。小学校学習指導要領（平成29年度告示）解説社会編においても，対話的な学びの中で内容が深まっていかない課題があると指摘されている（文部科学省，2018，p.18）。
　子どもの意見が深まらない授業では，個人の意見をそれぞれ言うだけで，互いの意見をつなげる手がかりをみつけることができない状況となっていることが多い。その場合，多くの教師が自分で解説を行い，授業を終了させている。このような授業を続けていると，子どもは自分で考えることの必要性を感じなくなる。自ら試行錯誤しながら考えることは，考える楽しさを味わえるものであるが，一方で，自ら答えを探していかなければならないしんどさもある。授業の最後に教師がまとめてくれるならば，子どもはわざわざしんどい思いをする必要はないと考え，教師が答えを言ってくれるのを待つようになるのである。
　話し合いの場を子どもが主体となり考えを深める場へと変えていくためには，子どもが自分事として考えていきたいと思える手立てが必要である。そし

て，そこには子どもたちの双方向のやりとりとなる対話がなければならない。「深い学び」を実現させるためには，一方的に自分が思いついたことを出し合うだけで終わらせるのではなく，課題解決にむけて互いの意見をつなげ，練り上げることを通して子どもがなるほど分かったと納得できる学習展開を工夫しなければならないのである。納得は実感を伴った理解であるので，子どもの心を動かし，主体的に新たな社会の見方・考え方を獲得させることにつなぐことができる。

　本稿では，第6学年社会科学習「町人の文化と新しい学問」の単元開発と授業実践から，学習課題を追究する過程における対話場面に着目して考察を行い，「深い学び」の実現に必要な諸条件を子どもの姿を通して明らかにしていきたいと考える。

2. 子どもが主体となり，考えを深める話し合いの場とは

　まずは，子どもが主体となり，考えを深める話し合いの場とはどのようなものなのか，佐伯胖の論から示唆を得る。佐伯（2003）は，授業の進め方の問題点として，「授業の中で意味を忘れて，手順で答えさせようとし，手順で教えようとすることが非常に多くなっている」（p.156）ことをあげ，その背景として，「意味を考えさせることは，授業の効率化の妨げになるかのように考える人が多い」（p.158）ことをあげている。授業は学力を保障するための重要な場であり，教師は教科書に書かれていることをきちんと教えきらなければならないといった意識を強くもっている。その意識は，教師が学力を知識や技能を習得させるものと一面的に捉えた場合，授業を効率化しなければたくさんの知識を教えることができないといった考えを生むことになる。そして，意味を考えさせることは時間と手間がかかるため，授業の効率化の妨げになると考えるようになるのである。しかし，多くの教師は一方的な教え込みは避けるべきだと思っているので，話し合いの場は大切にしたいと考えている。つまり，子どもの意見が深まらない授業は，知識偏重の授業に軸足を置きながら，対話的な要素もとりあえず入れておこうとする教師の中途半端な姿勢が生み出してい

るともいえるのである。そして，そのような授業は，「自ら『問う』ことを忘れ，『意味』も『関連』も『善さ』も問わずに，あれもこれも事例と方法をつめこむ」状態となりがちである（佐伯，2003，p.344）。そのような状態の中では，子どもは何に着目して考えを深めればよいのかが分からないため，なぜそうなるのかといった問いをもちにくくなる。

　佐伯（2003）は，意味を学ぶということは，「なるほどとか，なるほどそうだ，本当だなという実感」（p.154）を子どもたちに身に付けさせることであるという。そして，それを身に付けさせる方策の1つとして「枠組みによる理解」（p.159）をあげている。分かるということは，分かるための枠組みが頭の中に入っているということであり，その「枠組みを変える最大の力は『対話』」である（佐伯2003，p.160）。私達は，対話を通してその枠組みが修正されたり，変更されたりすることで理解を深めていくことができる。子どもが主体となり，考えを深める話し合いの場とは，自ら「問う」ことができる場が適切に設定された，意味を学ぶ場なのである。

3. 第6学年社会科学習「町人の文化と新しい学問」の単元開発と授業実践

(1) 単元の教育内容

　それでは，授業のなかで自ら「問う」ことができる場を適切に設定するとはどのような学習展開を行うことなのか，第6学年社会科学習「町人の文化と新しい学問」の授業実践から，学習展開の具体例を考えていきたい。

　本単元は，江戸時代における町人の文化の魅力や新しい学問の内容を調べることを通して，江戸時代の文化は大都市（上方・江戸）から発信された大衆文化であったことを理解することをねらいとする。江戸時代の経済は米を中心として回っており，食糧生産力の向上が農村の発展と産業の発達を促し，米の取引が行われた大都市は経済の中心，文化の中心として栄えた。そして，大都市で生まれた文化は，経済的なつながりを通して全国へと広まっていった。江戸時代の文化の学習を深めるためには，時代を代表する文化や学問の内容や魅力を調べるだけでなく，文化を支えた経済システムとの関連や，その文化を受

表2-1 第6学年「町人の文化と新しい学問」(全6時間) 単元構成

	時	学習活動
第一次	1	室町時代の文化と江戸時代に興った新しい文化を比べ,その違いについて話し合うことを通して江戸時代の文化の特徴を捉え,単元の学習課題を設定する。
		大都市(上方・江戸)で生まれた文化や新しい学問は,どのようにして全国に広がり,多くの人々に受け入れられていったのだろうか。
第二次	2	米の生産量向上に向けての工夫について調べ,農村で「読み・書き・そろばん」の能力が必要とされた理由について話し合う。
	3	大都市(上方・江戸)で生まれた文化(人形浄瑠璃・歌舞伎)の魅力を知り,どのようにして全国へ広がっていったのか流通ネットワークを手がかりに話し合う。
第三次	4	蘭学を学ぶことで得られた知識や技術について調べ,蘭学が我が国の学問の進歩に果たした役割について考える。【本時】
	5	国学の考え方を知り,新しい学問が幕藩体制にどのような影響を与えたのか,当時の社会情勢と関連づけながら考える。
第四次	6	江戸時代の文化の特色として,「産業の発達」「農村と都市を結ぶ流通ネットワーク」「庶民の識字率」に注目し,それらのつながりについて話し合うことを通して単元を貫く学習課題の答えを考える。

け入れることができた庶民の識字率の高さにも着目しておかなければならない。経済の拡大が文化形成の源となり,庶民の「読み書き」の能力の向上が知識や娯楽の幅の拡がりを促し,人々は,封建的な政治体制の中にあっても地域や身分を超えた個性豊かな文化を形成できたことをおさえていく。

(2) 自ら「問う」ことができる場の設定

自ら「問う」ことができる場をどのように設定するのか,学習展開の具体例を考えるため,第三次4時間目の授業を取り上げる。本時は,蘭学はどのような学問で,社会にどのような影響を与えたのかを理解する授業である。

社会科教科書「新しい社会6(東京書籍)」では,当時使われていた漢方医学の解剖図と,「解体新書」の解剖図が並んで掲載されている(北他,2020, p.93)。これらを比較することで,子どもたちは蘭学を学ぶことで先人達が新しい知識を取り入れ,技術を発展させてきたことを実感する。そして,この場面では多くの子どもが同時に次のような捉え方もする。それは,蘭学は進んだ学問,既存の学問は遅れた学問といった一面的な見方をすることである。しか

し，蘭学を取り入れるだけで技術はすぐに進歩するものなのだろうか。一面的な見方をする子どもは，このような疑問をもつことなく，この授業を終えてしまう。新たな知識や技術を取り入れ，実用的で高い技術へとブラッシュアップしていくためには，これまでの学問の積み重ねである知識の基盤が必要である。先人達が培ってきた知識や技術のうえに，新たな知識や技術を学び，試行錯誤を繰り返すことで初めて，技術は進歩するものである。これは，蘭学に限ることなく，すべての人の営みにおいていえることである。そのため，本時では蘭学を取り入れた人々の努力と成果のみを扱うだけでは，自ら「問う」ことができる場を設定することは難しいと考える。

　表2-2の学習指導過程では，学習活動7で華岡青洲が成し得た世界初の麻酔外科手術の成功の事実を取り上げ，自ら「問う」場面を設定した。手術成功の要因について資料等を使って考え，対話を行う中で，自身の一面的な見方に自分で気づかせたいと考える。確かに，既存の学問は蘭学に比べて解剖学の知識は遅れていたかもしれないが，薬草の利用等の自然の力を使って治癒を促す対症療法は優れており，決して遅れた学問ではない。これまでの学問の知識と新しい知識の両方があったからこそ手術は成功し，日本の医学は進歩したことを子どもの言葉から引きだしていく。このように，課題解決場面で新たな問いをもたせ，その問いを学習集団における対話を通して，解決する学習場面を設定することが深い学びへとつながると考える。

(3) 授業の実際と考察

　表2-2「蘭学の発展と技術の進歩」学習指導過程（4時間目）が，自ら「問う」ことができ，意味を学ぶ場を設定することとなったのか，学習活動7の児童の発言の実際（資料2-1）から考察を行う。学習活動7は，学習のまとめにむけて思考を深めていく場面である。まずは，新たな問いをもたせるために華岡青洲の外科手術を取り上げ，概要を紹介した後，「華岡青洲が世界で初めて麻酔外科手術を成功させることができた理由として，どんなことが考えられますか？（表2-2 発問❶）」と発問した。そして，タブレット（ロイロノートの提出箱の機能）を使って自分の意見を出させ，クラス全員の意見を共有する場を

表2-2 「蘭学の発展と技術の進歩」学習指導過程（4時間目）

学習活動（●主な発問・留意点）	・予想される子どもの反応
1 江戸時代の「学びの場」について知っていることを出し合う。 ・江戸時代の様々な学びの場を紹介する。	・百姓は寺子屋で「読み・書き・そろばん」を学んで、仕事に生かしていたね。 ・修学旅行で訪ねた明倫館は武士の学校だった。
2 蘭学について知る。 ・当時人気のあった学問である蘭学を話題にあげ、伊能忠敬が作成した日本地図を紹介し、蘭学に関心をもたせる。	・私達が使っている地図とあまり変わらない。 ・鎖国をしていた当時の人達が蘭学を学びたいと思った気持ちが分かる。
3 本時の課題を設定する。	
人々は蘭学を学ぶことで、どのような知識や技術を身につけていったのでしょうか。	
4 予想を立てる。	・日本にはない知識や技術を得て、生活を向上させたかった。
5 解体新書について調べる。	・オランダ語で書かれた医学書を日本語に訳すのに、杉田玄白と前野良沢は苦労したのだね。
6 解剖図を比較する。 ・当時使われていた解剖図と「解体新書」に掲載されていた解剖図を比べ、気づいたことを出し合わせる。	・これまで使われていた解剖図では病気は治せないし、患者は不安だ。 ・「解体新書」の解剖図は今のものと変わらない感じがするので安心する。 ・蘭学を取り入れて本当によかった。これまでの医学は遅れすぎている。
7 華岡青洲が行った全身麻酔外科手術について知り、手術が成功した理由を考える。 ❶華岡青洲が世界で初めて麻酔外科手術を成功させることができた理由として、どんなことが考えられますか？ ❷解剖図があれば、手術は成功するのでしょうか？ ❸資料（華岡青洲の年表）から、気づいたことはありますか？	・解体新書が出版されて、たった30年しかたっていないのに、もう世界で初めての技術を得ている。すごい。 ・華岡青洲も蘭学を学んだと思う。これまで使っていた解剖図では手術は無理だ。 ・解剖図があれば問題ないと思う。 ・でも、痛みはどうやって取り除いたの？ ・外科手術は麻酔をしないと耐えられない。 ・麻酔は、これまでの漢方医学の知識と技術を利用している。 ・これまでの医学の知識と新しい医学の知識の両方があったからこそ、手術は成功したのだ。
8 学習のまとめをする。	
人々は蘭学を学ぶことで日本にはない新しい知識や技術を学び、これまでのやり方に取り入れることで実用的で高い技術や知識を身につけることができた。	
9 振り返りをする。 ・杉田玄白が晩年に書いた著述の中から、技術の進歩は多くの人びとの努力の積み重ねから生まれたものであると述べられている箇所を紹介する。	・これまでの学問は遅れたもの、蘭学は進んだものと考えていたけど、今までの学問があったからこそ、新しい学問を取り入れることで、技術が進歩することが分かった。 ・華岡青洲の手術の成功は、一人で成し遂げたものではなく、これまでの人びととの積み重ねや努力の結果だということが分かった。

もった。教師の予想どおり，クラスのほぼ全員の子どもが蘭方医学を取り入れたおかげで成功したと答え，その根拠として「解体新書」の解剖図の存在をあげた。

　すると，ほぼ全員が同じ意見を出したことに違和感をもつ子どもが現れた。そして，蘭方医学を取り入れただけで，これまで世界で誰も成し遂げたことがない手術が本当に成功するのだろうかという意見を出した（資料2-1，C3）。この意見が出ると，言われてみれば確かにそうだと感じた多くの子どもたちが意見を変え始めた。しかし，明確な根拠をもって意見を変えた子どもばかりではなかったため，C8のように話し合いについていけず混乱する子どもが出始めることにもなった。C8は，C3により問いをもつことはできたのだが，その問いに対する答えをみつける手立てがはっきりしなかったため出された意見と考えられる。そこで，それぞれの医学の特徴を再度整理し，その後，新たな資料の提示を行った。すると，子どもたちの話し合いは進み，対話を通して学習のまとめへと到達することができた（資料2-1，C9～C19）。

　表2-2の学習指導過程では，学習活動7発問❷は話し合いを深めるきっかけとする問いとして設定していたが，実際の授業ではこの発問は行うことはなかった。それは，C3の意見が新たな問いを学習集団全体へ広げるものとなったためである。このことから，学習活動7で取り上げた話題は，子どもたちに新たな問いをもたせ，意味を学ぶ場へとつなげるものになったと考えることができる。しかし，問いをもち，問いが広がるだけでは子どもたちの話し合いは深まらない。これは，C8の意見から明らかとなった。広がった問いを深めるためには，課題解決に向けた新たな資料や事実の提示と，それを提示するタイミングが重要となる。そこで，子どもたちは社会的事象のもつ意味について深く考え合うことができるのである。

4.「深い学び」の実現に必要な諸条件とは

　社会科授業の単元開発と実践を通して明らかになった，「深い学び」の実現に必要な諸条件を2点あげる。

資料2-1　学習活動7における児童の発言記録

T1 世界初の外科手術が成功した理由として，どんなことが考えられますか？

C1　もちろん蘭方医学のおかげです。解剖図を見れば，どちらの医学が進んでいるか分かります。

C2　私も，漢方医学は必要ないんじゃないのかと思います。あの解剖図では無理です。

C3　いや，両方必要かもしれないよ。蘭方医学はすばらしいものだけど，それだけでは，新しい進歩は難しいと思います。何にもないところに新しいことを取り入れても技術は進歩しません。これまでの漢方医学の知恵と新しい考えを合わせることで技術は進歩するのではないかと思います。だから，両方ないと無理だと思います。

C4　ぼくも両方必要だと思います。漢方医学で薬を作って，蘭方医学の解剖図を使って手術をしたと思います。麻酔は漢方薬の知恵を使ったものではないかと思います。

T2 漢方医学の知恵が，麻酔薬を作ることと関係があるのですか？

C5　植物の毒を使って，体が麻痺させて，麻酔の代わりにしたんだと思います。

C6　ぼくは，Kくんの意見を聞くまでは，漢方医学はいらないんじゃないかと思っていたけど，意見が変わりました。確かに，蘭方医学は解剖学が優れていたけど，実際に手術して，お腹を開いてみたのはいいけど，その後，体を癒すための薬がなければ困ります。漢方薬には，体を癒すための薬もあります。解剖学と合わせたらいいです。

C7　私も，さっきまで蘭方医学だったんだけど，漢方医学も必要だと思います。よく考えたら，オランダで麻酔薬が開発されているのなら，華岡青洲の手術は世界初にはならないでしょう。できなかったから，世界初なんですよ。

C8　どう考えればよいのか分からなくなってきました。（華岡青洲は）どちらの医学を優先したのですか？

T3 それぞれの特徴をもう一度整理してみましょう。さっき，Kくんが漢方医学は植物の毒を使って体を麻痺させる知恵があるのではないかと言っていたんだけど，植物で麻痺したという話は聞いたことありますか？

C9　あります。トリカブトとか，毒キノコとか。

C10　毒キノコは食べると手足が麻痺するというか，手足がしびれると本に書いてあったのを覚えています。

C11　でも，植物の毒はとりすぎたら死ぬんじゃないの？

C12　分かった。とりすぎなければ，死なないんだ。とる量を考えれば，植物の毒を体に入れると体がしびれるだけになって，死なないんじゃないのかな。

> T4 華岡青洲が使った麻酔薬の材料の1つがこれです。（チョウセンアサガオの画像を提示）
>
> C13 チョウセンアサガオだ。危険植物の本で見たことあります。花も葉も種も根も毒があるんです。
> C14 植物を使っているから，麻酔はやはり漢方医学の知恵だね。
>
> T5 それでは，蘭方医学の役割は？
>
> C15 正確な体の仕組みが分かっていることです。
> C16 手術は，まちがいは許されません。だから，体の仕組みが分からないと手術はできません。
> C17 蘭方医学を学ぶことで，植物の毒を使って体を麻痺させた後に，手術するという新しい技術を手に入れることができたと思います。
>
> T6 華岡青洲のプロフィールを確認してみましょう。（資料配布）
>
> C18 やっぱり，最初に漢方医学を勉強しているね。その後，蘭方医学を勉強して，新たな技術を獲得したんだ。
> C19 華岡青洲の家族も，麻酔薬を開発するための協力をしています。家族の命をかけて獲得したものなんだね．

　第1に，話し合いの場の捉え方についてである。話し合いの場は，ただ意見を交流するだけの場ではなく，子どもが社会的事象の意味に自分自身で気づくことができる場と捉えるべきであると考える。そのため，自身の社会的な見方・考え方を広げるための新たな問いが授業の中盤において必要である。問いをもたせることは，子どもに自分自身で意味に気づかせるための重要な手立てなのである。

　第2に，子どもに気づかせたい内容についてである。社会科授業の場合，子どもに気づかせたいことは，社会を発展させるために，人々が大切にしてきた揺るぎない考えや，人々の行動の根底にある価値である。これは，私達の暮らしの中にある一見当たり前と感じられるものである。その当たり前を再度，問い直すことが，新たな社会の見方・考え方を獲得し社会認識を深めることにつながると考える。

　本稿では，社会科授業実践を通して「深い学び」の実現に必要な諸条件を考えてきたが，これは，他教科の学習においても共通するところがあると考え

る。自ら「問う」場を設定するためには，まずは，子どもだけでなく教師自身が問いを求め，追究する姿勢が必要である。そのことが，授業を進める上で子どもの思考の流れを掴むことにつながり，思考を深めていく適切なタイミングでの発問と資料提示を可能とするのである。

(髙下千晴)

参考文献
北俊夫他（2020）『新しい社会 6　歴史編』東京書籍.
佐伯胖（2003）『「学び」を問いつづけて』小学館.
文部科学省（2018）『小学校学習指導要領（平成 29 年告示）解説　社会編』日本文教出版.

第3章

「個別最適な学び」の意義と課題

1. はじめに

「個別最適な学び」——この言葉は、近年の学校教育に大きな影響を及ぼしているキーワードの一つといえる。2021（令和3）年1月26日に中教審答申「『令和の日本型学校教育』の構築を目指して～全ての子供たちの可能性を引き出す、個別最適な学びと、協働的な学びの実現～」（以下、「2021答申」と記す）が公表されてからというもの、「個別最適な学びとは何か？」「何のための個別最適化なのか？」「誰が『最適』と決めるのか？」「個別最適な学びと協働的な学びは別々のものなのか？」等、様々な議論が行われている。本章ではまず、「個別最適な学び」という言葉が示す意味内容や目指す方向性について、「個別化・個性化教育」や「個別最適化された学び」との比較をもとに考察する。その後、公立小学校での「自由進度学習」の実践事例の検討を通して、「個別最適な学び」の意義と課題について述べる。

2. 「個別最適な学び」とは

(1)「個別化・個性化教育」の再来？

「個別最適な学び」という概念は、いつから、どのような文脈で用いられてきたのだろうか。熊井（2021）によれば、教育における個別化・個性化の主張は決して目新しいものではなく、学校教育の画一化や没個性化を批判する動きとして定期的にリバイバルしてくる議論であるという。例えば、1989（平

成元）年改訂の学習指導要領では「個性を生かす教育の充実」が掲げられ，「個に応じた指導」や「学習内容の習熟の程度に応じた指導」（中学校）という文言が初めて明記された（中央教育審議会，2003）。体育科を例に挙げれば，当時，生涯スポーツにつながる能力を育成するために「子どもの興味・関心や技能差に応じて，一人ひとりが自己のペースを保ちながら運動の特性に触れる学習」として，「目標の設定」「課題の選択」「活動の決定」を子ども自身に行わせ，

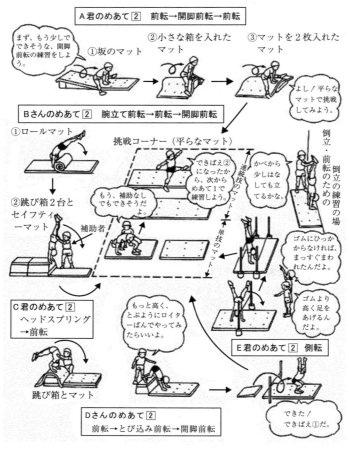

図3-1　めあての例と場づくり（個人差教育研究会編，1989，p.243）

「①今できる力で運動を楽しむ」段階から「②新しい工夫を加えて運動を楽しむ」段階へと学習を進めていくいわゆる「めあて学習」が，典型的な授業スタイルとして全国的に実施された（図3-1）。しかしこの「めあて学習」に対しては，子どもの自発性を尊重するあまり，取り組むべき学習課題が子ども任せになり学習する内容がきわめて曖昧になってしまうことや，その結果，学習課題が多様すぎる，系統的な学習がなされていない，基礎的な運動感覚が育成されていない，能力の低い子どもの学習成果が低くなるなどの問題が指摘された（上條，1994）。

あれから30年，現在の「個別最適な学び」論は，ICTという新たな道具を従えリバイバルした個別化・個性化の主張にすぎないのであろうか。「個別最適」という馴染みのない表現には，これまでの「個に応じた指導」とは異なる出自がありそうである。

(2)「個別最適化された学び」と「個別最適な学び」

「個別最適」という表現は，経済産業省「未来の教室とEdTech研究会」の提言の中で確認することができる。2018（平成30）年6月の第1次提言では，EdTechの活用により「『教科学習』は個別最適化され，『もっと短時間で効率的な学び方』が可能になる」とし，「学習の生産性」の強調とともに語られている。翌2019年の第2次提言では，「学びの自立化・個別最適化：一人ひとり違う認知特性や学習到達度等をもとに，学び方を選べる学びに」という表現が用いられており，「自立した学習者」という目標像が追加されている。ここでは子どもを，EdTechから提示された情報を受け取る受動的な存在ではなく，EdTechを学び方の一つとして主体的に選択・活用する存在とみなす表現へと若干のニュアンスの変化が読み取れる。

小柳（2019）によれば，「ICTを用いた個別化・個性化の動き」には，「アダプティブ・ラーニング（Adaptive Learning）」と「パーソナライズド・ラーニング（Personalized Learning）」の2つがある。AIドリル等に代表される，個々の学習者の進捗に合わせ，学習内容や学習レベルを調整し，その学びの機会を提供しようとする取組は「アダプティブ・ラーニング」と呼ばれる。他方，学

習者の強みやニーズ，スキル，興味のある学習をカスタマイズし，学習のカリキュラムを組んで提供しようとする取組は「パーソナライズド・ラーニング」と呼ばれる。「個別最適化」という言葉が使用された当初は「アダプティブ・ラーニング」としての意味合いが強かったが，第2次提言では「パーソナライズド・ラーニング」としての側面にも言及されるようになっている。

　文部科学省は，2019（令和元）年6月25日の「新時代の学びを支える先端技術活用推進方策（最終まとめ）」において，Society5.0時代の到来や子どもたちの多様化を背景として，「誰一人取り残すことのない，公正に個別最適化された学び」を提唱した。その後，2021答申で「個別最適な学び」という言葉が使用されるのであるが，田上（2022）は「個別最適な学び」という概念について，「未来の教室」等で使用されてきた「個別最適化された学び」とは「方向性を異にするもの」（p.10）と述べる。「未来の教室」で示された「学びの個別最適化」は，1人1台端末とEdTechの活用という学びの「方法」がまずあり，それを個に適応（Adaptation）させて，数理や言語などの基礎の効率的な習得を目指すものであり，さらには標準授業時数など「従来の学校という制度・枠組みそのものを機械的に壊していこうとする学校解体の志向性を持つもの」（p.3）であるという。それに対して2021答申では，全面実施を迎える「新学習指導要領を着実に実施すること」（p.39）が強調されるとともに，子どもたちの知・徳・体を一体で育む「『日本型学校教育』の良さを受け継ぎながらさらに発展させ」（p.16）ることや，「ICTを活用すること自体が目的化してしまわないよう，十分に留意することが必要である」（p.30）など，あくまで新学習指導要領の掲げる資質・能力の育成という「目的」に向かうものとして「個別最適な学び」が論じられており，「未来の教室」のビジョンとは重なりつつも異なる方向性が示されている。

(3)「指導の個別化」と「学習の個性化」

　さて，2021答申で「個別最適な学び」は，「指導の個別化」と「学習の個性化」を「学習者視点から整理した概念」であるとされている（p.18）。「指導の個別化」とは，「教師が支援の必要な子供により重点的な指導を行うことなどで効

果的な指導を実現することや，子供一人一人の特性や学習進度，学習到達度等に応じ，指導方法・教材や学習時間等の柔軟な提供・設定を行うことなど」(p.17) であり，一方の「学習の個性化」は，「子供の興味・関心・キャリア形成の方向性等に応じ，探究において課題の設定，情報の収集，整理・分析，まとめ・表現を行う等，教師が子供一人一人に応じた学習活動や学習課題に取り組む機会を提供すること」(p.17) である。教師視点で書かれた「提供・設定を行う」「機会を提供する」といった言葉を学習者視点に置き換えると，「選ぶ」や「決める」ということになるのだろう。子どもが「自立した学習者」として，自らの学習の状況を把握し，主体的に学習を調整することができるよう促していくために，これまで以上に子ども自身が自己選択・自己決定する機会を増やしていくことが求められている。「指導の個別化」をみると，共通の学習課題にすべての子どもがアクセスできるよう，多様な学習方法を保障することのようにも読めるが，「学習の個性化」となると，学習方法にとどまらず学習活動や学習課題をも子ども一人一人が選択・決定していくことになる。そこでは，授業で「何を」「どの程度」子どもに選択・決定させるのかという論点が浮かび上がってくる。

　黒上 (1987) は，教育の個別化・個性化を捉える軸として，①学習者の量的個人差に対応するのか，あるいは質的個人差に対応するのか，②教授・学習システムの様々な要因を，教師が決定するのか，学習者が決定するのか，の2点を示している。①の量的個人差とは「知能，学力，技能，身体的特徴，学業成績，習熟度，到達度など」を指し，質的個人差とは「興味・関心，学習スタイル，認知スタイル，生活習慣や経験」などを指す。後者の質的個人差については，恒常的なものではないことや，優劣があるものではないこと，測定が困難であることといった性質が挙げられている。②は「意思決定の主体」や程度を問うものであり，学習目標，学習内容，学習方法，学習ペース，教材，学習集団といった授業の諸条件について，学習者に何をどこまで決定させるのかという視点である。黒上 (1987) は，この①②の軸をクロスさせ，図3-2のように4つの象限で個別化・個性化の類型を示している。「個別化・個性化の実践は，どの象限に位置づくかによって，かなり様相が異なる」とされ，典型的

図 3-2　個別化・個性化の類型（黒上，1987，p.52 をもとに筆者作成）

な実践として「習熟度別指導」「興味・関心別・学習スタイル別指導」「興味・関心別学習」「自由進度学習」が示されている。特に，「学習者決定」の度合いが高い「興味・関心別学習」と「自由進度学習」は，「自らの意思で学習をコントロールできる機会」を与え，「自己学習能力」の育成につながるものとされている。これらは，現在の「個別最適な学び」の実践における「指導の個別化」と「学習の個性化」を整理する上でも重要な枠組みといえるだろう。

3.「個別最適な学び」の展開 ― 自由進度学習を例に ―

　これまでみてきたように,「個別最適な学び」の目的は「自立した学習者」の育成であり,ICTはそれを支える基盤としての役割を果たすものである。では,「個別最適な学び」の実現を目指した取組はどのように具現化されるのだろうか。本節では,筆者が2023（令和5）年11月に視察の機会を得た,廿日市市立宮園小学校の「自由進度学習」の例を紹介する。

　宮園小学校は2020（令和2）年度から2年間,広島県の「個別最適な学びに関する実証研究」指定校として「単元内自由進度学習」に取り組み,その後も自由進度学習の取組を継続している学校である。取組の概要は以下の通りである。

> 　本校で取り組んでいる自由進度学習では,「児童は有能な学び手である」という認識に立ち,学習内容,方法の選択を児童に委ねることで,自立した学び手（主体性・積極性・自己調整力）を育てることを目的としている。
> 　児童が学習計画表に基づいて自分のペースで自己調整を図りながら,また教科や学習内容,学習方法そして学習順序を自己選択しながら学び進めることを目指している。
> 　教員は,その多様な学び方を支えるために学習計画表やワークシートを工夫することや,学習コーナー等の学習環境を充実することに努めている。
> 　　　　　　　　　　（廿日市市立宮園小学校「令和5年度視察用資料」より）

　宮園小学校では,「自分を育て　みんなで伸びる」を学校教育目標に掲げ,年間100時間程度の学びを「自由進度学習」および「探究学習」として児童に委ねている。参観した6年生では,算数科「図形の拡大と縮小」,理科「てこのはたらき」,社会科「明治の国づくりを進めた人々」の3つの教科・単元について,「複数教科同時進行の自由進度学習」が行われていた。週の時間割をみると,5・6時間目を中心に空欄となっている時間がある（図3-3）。本来の各単元に要する時間数（10-8-8）を合計した26時間を確保し,この時間,どの教科の,どの課題に,どの順番で,どの学習方法で取り組むのかを児童が

決定する。

教室風景としては、算数の学習プリントを解く児童やホワイトボードを背に作図の方法を解説する動画を作成する児童、社会科の教科書の内容をスライドにまとめる児童やNHK for Schoolの動画を観る児童、理科のてこを利用しモビールを作成する児童など様々であった。各教科の「学習の手引き」は、単元の目標、学習活動の系列と教科書の該当ページ、「かならずやり終える学習」と「自分できめて自由にやる学習」、「自立した学び手になるため

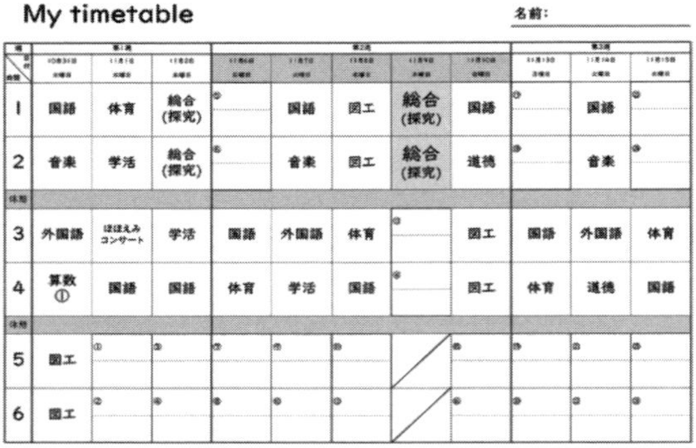

図 3-3 週の時間割の例

図 3-4 学習の手引きの例（社会）

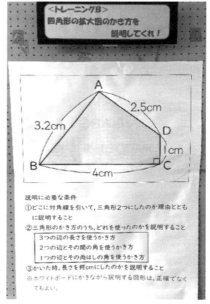

図 3-5 学習コーナーの例（算数）

の自己評価」などで構成されており，学習の見通しを持たせたり，自己の学びを振り返らせたりするものとなっている（図3-4）。

系統的に準備された学習プリントや空きスペースに設けられた学習コーナーには，課題や問い，補足説明が細かく示されており，児童が自力で学習を進めやすいものとなっている（図3-5）。

授業者の川口竜彦教諭は，「学習コーナーづくりのところが面白くもあり難しくもある」と語る。体験を通して知識の習得を促したり，学んだ知識を活用（アウトプット）したりする学習コーナーの設定には，教師の深い教材研究が要求される。さらに，「自由進度学習をつくるときに，見ないといけないのは学力の厳しい子だ」と，児童の学習適性に合わせた学習材や学習環境の準備が必要となることを述べる。そうした児童観や指導観は一斉指導の授業でも同じで，「直接指導を間接指導に変えただけです」という。「基本は普段の授業」であるといい，「みんながわかること」や「困っている人を放置しないこと」，「困ったときに『助けて』と言えること」などを学級経営でも大切にされているという。

4．おわりに

「自立した学習者」という目標像は，OECD（2019）が提起するエージェンシー（Agency）という概念にも近く，国際的な教育の方向性でもある。「個別最適な学び」という言葉の響きに惑わされることなく，子どもたちが「学ぶ」ことに対して自立性や協働性をより一層発揮できる機会を，教科学習や教科外活動でバランスよく設定することが求められる。「個別最適な学び」の実現を目指した取組が展開されていく際には，子ども一人一人の「学び」の内実を――そこで生じる隠れたカリキュラムも含めて――丁寧に検証していく必要がある。加えて，教師に求められる授業力量や，取組を支える教員組織の連携・協働の在り方，校種間の接続の問題など，検討すべき課題は山積している。

（加登本　仁）

謝辞

　学校視察の機会をいただいた廿日市市立宮園小学校の皆様に，この場をお借りして感謝申し上げます．

参考文献

小柳和喜雄（2019）「個別最適化学習システムを用いた取組の評価に関する萌芽的研究」『次世代教員養成センター研究紀要』5，pp.101-110.

上條眞紀夫（1994）「めあて学習の授業研究」髙橋健夫編著『体育の授業を創る』大修館書店，pp.186-198.

熊井将太（2021）「個別化・個性化された学び ― 「未来の学校」への道筋になりうるか」石井英真編著『流行に踊る日本の教育』東洋館出版社，pp.43-70.

黒上晴夫（1987）「教育の個別化・個性化 ― その類型と特徴」『教育方法学研究』12，pp.49-56.

経済産業省（2018）「未来の教室」とEdTech研究会　第1次提言 https://www.meti.go.jp/report/whitepaper/data/20180628001.html

経済産業省（2019）「未来の教室」とEdTech研究会　第2次提言 https://www.meti.go.jp/shingikai/mono_info_service/mirai_kyoshitsu/20190625_report.html

個人差教育研究会編（1989）『個人差に応じた新しい学習指導の展開8 体育』ぎょうせい．

田上哲（2022）「「個別最適な学び」の原理的検討 ― 個が「学ぶ」という立場から ― 」『九州大学大学院教育学研究紀要』24，pp.1-14.

中央教育審議会（2003）「『個に応じた指導』に関する学習指導要領上の規定の経緯」https://www.mext.go.jp/b_menu/shingi/chukyo/chukyo3/005/gijiroku/03070202/006.htm

中央教育審議会（2019）「新時代の学びを支える先端技術活用推進方策（最終まとめ）」https://www.mext.go.jp/b_menu/shingi/chousa/shotou/056_01/shiryo/__icsFiles/afieldfile/2019/09/02/1420733_001_1.pdf

中央教育審議会（2021）「『令和の日本型学校教育』の構築を目指して～全ての子供たちの可能性を引き出す，個別最適な学びと，協働的な学びの実現（答申）」https://www.mext.go.jp/b_menu/shingi/chukyo/chukyo3/079/sonota/1412985_00002.htm

OECD (2019). The OECD Learning Compass 2030. https://www.oecd.org/education/2030-project/teaching-and-learning/learning/

第4章

「GIGA スクール構想」の意義と課題

1. GIGA スクール構想の概要

　はじめに，GIGA スクール構想[1]の概要を簡略に確認しておこう。GIGA スクール構想は，2019（令和元）年，文部科学省（2019, p. 1）が学校のICT（情報通信技術，Information Communication Technology）環境の整備が遅れていることや自治体間の格差を挙げ，「1人1台端末及び高速大容量の通信ネットワークを一体的に整備」することなどを示したことによってスタートした。そのねらいは，「多様な子供たちを誰一人取り残すことのない，公正に個別最適化された学びを全国の学校現場で持続的に実現させる」ことである[2]。そのような環境を全国的に整備することは決して容易ではないが，2020（令和2）年2月末からの新型コロナウイルス感染症の世界的流行は，それを強く後押しすることとなった。文部科学省（2020）は，休校期間中にも対応できる遠隔教育などを急務として，「令和2年度文部科学省補正予算（案）」を計上し，2022度末時点には，99.9％の自治体において，1人1台のICT端末と校内LANによる学習環境が整備されるに至った（文部科学省，2023a）。本原稿の執筆時点（2024年1月）において，GIGA スクール構想が掲げた環境は，差し当たり整備されたといえる。

2. ICT環境がもたらす学習活動の変化

　ICT環境の変化は，学習活動の在り方を大きく変えつつある。すでに多様な校種・教科における実践例が，文部科学省（n.d.a）によるWebサイト「StuDX Style（スタディーエックス・スタイル）」や，多くの研究者・実践者による書籍や論文などで紹介・報告されている。さらに，インターネット上では教員間の情報交換も盛んに行われている。表4-1は，それらの中から代表的な活用例を収集し，活用目的ごとに整理したものである。

　これらのうち，とりわけ情報へのアクセスについては，インターネット情報によって，その可能性が飛躍的に広がったもののひとつである。また，様々な障がいがもたらす困難さへのサポートも，1人1台のICT端末の有効な活用法として定着してきた感がある。GIGAスクール構想がもたらした大きな成果といえるだろう。

　こうした活用は，従来の学習の利便性や効果を高めただけではなく，学びのあり方そのものにも変化をもたらした。プエンテデューラは，学習活動へのICT等のテクノロジーの影響の質に着目し，SAMRモデルと呼ばれる4つの段階を示した（Puentedura, 2010）。具体的には，従来の学びの在り方に近いものから順に，Substitution（既存のツールの代替），Augmentation（既存のツールの拡張），Modification（新技術を利用した活動の再設計），Redefinition（新たな学習活動の創造）を挙げている[3]。児童生徒のもつ端末が多機能をつなげることのできるトータルワークステーションであるということを意識することによって，既存の機能（例えばカメラなど）の代替品としての活用にとどまらない，新たな学びの在り方が生じうる。今後も次々と発表・報告されるであろう新たな学習活動の提案にも期待がかかるところである。

表 4-1 GIGA スクール構想下における ICT 端末等の活用例

活用目的	関連機能の例	活用例
情報へのアクセス，記録およびそれらの支援	検索（画像・動画検索を含む），メモ・文書作成，写真撮影，録音，録画，画面の拡大・縮小，再生速度の調整，文字起こし，文章読み上げ，翻訳，生成 AI，ファイル共有，様々な入力インターフェース	インターネット検索機能や対話型生成 AI を活用して情報を取得する
		植物や花の種類を，撮影した画像から検索する
		動画撮影機能を活用して，音楽，身体，音読，スピーチなどの表現や，体育科などでの自身の動きを記録する
		体育科や音楽科などにおいて，児童生徒が自らの技能の向上をはかるために，動画投稿サイトに公開されている動画を参照する
		翻訳サイトを活用して，外国語の情報を翻訳したり，外国語の発音を確かめたりする
		クラウドストレージ上にファイルを置き，複数人で情報を共有する
		文字を読むことが困難な場合の支援として，デジタル教科書の文字の書体や大きさ，色など表示方法を調整したり，文章読み上げ機能を活用したりする
		聴覚的に情報を得ることが困難な場合の支援として，文字起こし機能を活用する
		文字入力，撮影，録音・録画などの多様な記録方法のなかから，最も自分に合ったものを選択する
		キーボード入力，タッチペン入力，音声入力など，多様な文字入力方法のなかから最も自分に合ったものを選択する
思考や議論の整理・共有	仮想ホワイトボード，生成 AI	クラウド上のホワイトボードに各端末からアクセスし，複数の意見を集約・共有する
		気付きや思考の整理のために対話型生成 AI を活用する
成果物の作成，創作活動およびそれらの発表	ファイル共有，文書作成，表計算，スライド作成，動画作成，生成 AI，動画配信，プログラミング，音楽制作，文章読み上げ	各種の創作アプリを活用して，文書作成，画像作成，表やグラフの作成，音楽創作，動画制作などを行う
		プレゼンテーションアプリを活用して，写真，動画，音楽などの素材を組み合わせたスライドを作成する
		ヴィジュアルプログラミング言語などを活用してアニメーションを創作する
		同じファイルを複数人で，協働的な制作を行う
		生成 AI を活用して，成果物のブラッシュアップを行う
		文章読み上げ機能を活用して発表する

（参考文献 文部科学省（n.d.a），田中（2021），爲田（2022），渡辺ら（2022）ほか）

3. 運用上の課題

　ICT端末の運用には，多くの課題も指摘されている。本節ではそれらを4点の事項に整理して概説する。

　1点目は，端末の管理に関わる課題である。「学校における環境整備の初期対応」を行うGIGAスクールサポーターは4校に2人，「日常的な教員のICT活用の支援」を行うICT支援員は4校に1人，それぞれ配置支援されることになっている（文部科学省，n.d.b, 文部科学省，n.d.c）。こうした人員は，ICT端末が不調に陥った際にも心強い存在であるが，実際には，2022年度に常勤で配置された学校は小・中学校ともに0.5％程度であること，小学校では73.7％の学校で配置がないことが報告されている（全国公立学校教頭会，2023）。ICT端末には故障もつきものであるが，故障の際の修理費が十分に確保されていない事例もある。人員や予算の確保が，引き続き重要であるといえる。

　2点目は，インターネット接続に関わる課題である。表4-1に示した活用例には，インターネット接続の安定性や高速化が不可欠なものが少なくない。しかし，2021（令和3）年8〜9月時点の調査において，学校のネットワークに対するつながりにくさや通信速度について「課題を感じていない」という回答は全体の0.2％であった（日本教育情報化振興会，2022, p. 94）ように，十分な接続環境が実現されたとはいえない。学校内の様々な場所から，いつでもネットワークに接続できる環境の整備は継続的な課題である。

　3点目は，健康・安全に関する課題である。文部科学省（2022a）は，デジタル端末を長時間利用したり，目の近くで利用したりすることで近視発症のリスクが生じることから，健康面に配慮したICT環境を図示している（p. 3）。また，不適切な情報の遮断，プライバシーへの配慮，コンピュータウイルスへの対応など，インターネット接続に伴うリスクの管理も重要である。そのためには，安全性を確保するための規則を適切に整備することが不可欠だが，どのような規則をどの程度設けるかは各学校の判断に委ねられており，現場では模

索が続いている。

　4点目は，学習規律やモラルに関わる課題である。近年，急速な発展がみられる生成AIは，文部科学省（2023b）が「初等中等教育段階における生成AIの利用に関する暫定的なガイドライン」を示したように，生成された文章や絵，音楽などの適切な扱いなど，難しい課題が少なくない。この技術は日進月歩であり，今後も継続的な検討が必要であろう。

　文部科学省は，GIGAスクール構想で配備された端末やネットワーク環境の大幅な更新を，2024（令和6）年度から2028（令和10）年度に予定し，この期間を「GIGA第2期」として位置づけている。これまでの環境の更新のみならず，新たな環境の構築も盛り込まれたこの段階は，「ネクスト・ギガ（NEXT GIGA）」と呼ばれている。上記の1点目，2点目の課題の解決が期待される。

　3点目，4点目の課題は，規則づくりの難しさという点で共通しているが，このことは，ICT端末が利便性と危険性の両側面を持ち合わせていることに拠っている。規則を安易に設けること ─ 自宅に持ち帰ってはいけない[4]，学習と無関係のアプリやWebサイトを立ち上げてはいけない，生成AIを頼ってはいけない，等々 ─ は，ICT端末の利便性の享受を妨げるとともに，学びの可能性を摘み取ることにさえつながってしまう。しかしながら，この課題は，すぐに解決できるような性質のものではない。現場での試行錯誤を経て，アップデートを重ねながら適切性を高めていくほかはない。

4．教師の役割と学力のはかり方

　GIGAスクール構想は，教師の役割や学力のはかり方にも大きな変化をもたらす。

　インターネットへの接続環境は，無限の知へのアクセスを可能にした。このことが，GIGAスクール構想が目指す「個別最適な学び」と合わさったとき，子どもたちの学力 ─ とりわけ知識 ─ の格差は，いま以上に拡がっていくことが予想される。昔からよく「勉強好きな子どもは放っておいても勉強する」と言われてきたが，そのような子どもにとって，1人1台のICT端末とインター

ネット環境は，より高度な（自分に合った）内容をどんどん学んでいける強力なツールになる。そこで考えなければならないのは，教師の役割である。「指導の個別化」という語で言われるような，一人一人に合わせた指導が求められることはもちろんだが，それだけではない。

　かつて大きな役割のひとつだった，知識の伝達者としての役割は今後確実に薄れていくだろう。子ども主導の教育（Child-driven Education）で知られる教育学者のS. ミトラが，学習者に適切な問いを示すことの重要性をしばしば述べている（ロスウェル，2018）ように，探究心を引き出し，充実した学びに導く問いを発想することは，教師にとって一層重要な力になっていく。そして，そうした問いから始まる探究活動を前提としたとき，教師には，情報へのアクセス，情報の信頼性の判断，情報の適切な使い方などを指導する力，異なる分野の内容を結び付けながら活動をナヴィゲートする力，多様な子どもが混在するなかでの協働的な活動をファシリテートする力なども求められる。これらを言い換えれば，「探究のきっかけを与える教師」「学び方を教える教師」ということになるだろうか。ICT端末の使い方に不安をもつ教師は少なくないが，むしろ重要なのは，ICT端末への対応よりも学び方の変化への対応であるといえそうである。

　学力のはかり方も再考されなければなるまい。「勉強」によって詰め込んだ知識を，制限時間内に何も参照せずに解答用紙に吐き出すだけの試験の在り方には，これまでもしばしば疑問が投げかけられてきた。にもかかわらず，学校現場ではこうした試験がいまもなお重視されている。今後は，インターネットの限りない情報へのアクセス，テクノロジーを利用した創作，答えのない問いの探究[5]，クラウド上での協働的な活動等々，新たな学び方を前提とした新時代にふさわしい学力のはかり方へとシフトしていく必要がある。

5. 未来の社会と学びの在り方

　GIGAスクール構想の背景には，Society 5.0 時代の到来に対する意識があった（文部科学省，2019, p.1）。Society 5.0 とは，狩猟社会（Society 1.0），農耕社会（Society 2.0），工業社会（Society 3.0），情報社会（Society 4.0）に続く次世代の社会の在り方およびそこへ向けた技術的変革を伴う取組である（内閣府，n.d.）。内閣府（n.d.）は，その社会を IoT（Internet of Things）や AI，ビッグデータを活用することで，経済発展といままで挙げられていた社会的な課題の解決とを同時に達成することができる，「我が国が目指すべき未来社会の姿」として示している。そこには，「経済発展」や「社会的な課題の解決」といったポジティヴな側面が挙げられている（内閣府 n.d.）が，実際にどのような社会になるかは誰にも分からない。

　本章のおわりに，今から 55 年前の 1969（昭和 44）年にイラストレーターの小松崎茂が発表した一枚のイラストを紹介したい（図 4-1）。「コンピューター学校出現!!」と題されたこのイラストは，漫画雑誌『少年サンデー』（小学館）に掲載されたもので，空想された未来の教室が描かれている。スクリーンに映し出された教師の授業を受けながら 1 人 1 台のコンピュータで学習をすすめる児童，そのコンピュータを用いて取り組んでいるのは算数の問題だろうか，誤答をした児童にはロボットが体罰を加えているようである。少年向けの漫画雑誌に掲載されているイラストのため，小松崎氏のユーモアをある程度差し引いて考える必要はあるものの，ここに描かれた教室の姿は，かなりの部分現実化しているように思える。

　1969（昭和 44）年にこのような教室が空想されたように，いまの私たちは，2070 年代の学びの在り方をどのように空想することができるだろうか。〈学校〉や〈教室〉そのものが存在するかどうかさえも疑わしいその時代，初等教育はどのような姿をしているのだろう。当然のことながら，コンピュータやテクノロジーは幸福だけをもたらすわけではない。小松崎氏のイラストに描かれた相手の見えない体罰の仕掛けは，歪んだ管理社会とその恐怖の象徴でもある

図4-1　1969年に描かれた未来の教室「コンピューター学校出現‼」
（小松崎，2012，ページ番号記載なし）

だろう。そして，それはネットいじめやSNSによる相互監視といったいまの子どもたちが抱える諸問題とも地続きである。

　Society5.0を幸福な社会にしていくためには，コンピュータやテクノロジーを便利に使いこなすだけでなく，それらがもたらす世界の複雑さと，法整備すら後追いにならざるを得ないめまぐるしい変化を前提とした倫理が不可欠である。今後の学校教育では，そのことを意識した学びのあり方が求められるといえるだろう。

（長山　弘・寺内大輔）

注
1)　「GIGA」という語は，「Global and Innovation Gateway for ALL」（内閣府，2019, p. 30）の頭文字であるとともに，高速にデータ転送ができるLANケーブルの伝送速度「1 Giga bit

per second」の接頭辞でもある（髙谷，2022，pp. 37-38）。
2) 中央教育審議会（2021，pp. 1-2）は，「全ての子供たちの可能性を引き出す，個別最適な学びと，協働的な学び」を，今後，実現を目指す「令和の日本型学校教育」の姿としている。
3) 括弧内の日本語訳は，筆者らの解釈による意訳である。
4) 文部科学省（2022b）は，ICT 端末を持ち帰って活用できる環境を推奨しているが，国立教育政策研究所（2023, p. 28）の調査によると，ICT 端末を「持ち帰らせていない」「持ち帰ってはいけないこととしている」「臨時休業等の非常時のみ，持ち帰ることとしている」小学校は，合わせて 18.8％あると報告されている。
5) 幅広い範囲へと枝分かれする可能性をもった探究活動では，子どもたちの探究的関心が，教師側が学ばせたいと考えていることとは異なる方向へ向かっていくこともしばしばある。そうした可能性を踏まえると，教師の想定したねらいに対する到達度だけを一律に評価するのではなく，学びの成果に対する評価の観点を柔軟に変更したり，個別に考えたりする視点も必要になる。

参考文献

国立教育政策研究所（2023）「令和 5 年度 全国学力・学習状況調査の結果」https://www.nier.go.jp/23chousakekkahoukoku/report/data/23summary.pdf

小松崎茂（2012）「コンピューター学校出現!!」，初見健一編『昭和ちびっこ未来画報 ぼくらの 21 世紀』青幻舎，ページ番号記載なし．

全国公立学校教頭会（2023）「令和 5 年度 全国公立学校教頭会の調査【緊急課題に関する速報】」https://kyotokai.jp/wp/wp-content/uploads/2023/10/全国公立学校教頭会の調査【緊急課題に関する速報】.pdf

髙谷浩樹（2022）『「GIGA スクール」を超える データによる教育 DX 実現への道程』東洋館出版社．

田中博之（2021）『GIGA スクール構想対応実践事例でわかる！タブレット活用授業』学陽書房．

為田裕行（2022）『学校のデジタル化何のため？教育 ICT 利活用の目的 9 類型』さくら社．

中央教育審議会（2021）「『令和の日本型学校教育』の構築を目指して～全ての子供たちの可能性を引き出す，個別最適な学びと，協働的な学びの実現～（答申）」https://www.mext.go.jp/content/20210126-mxt_syoto02-000012321_2-4.pdf

内閣府（2019）「安心と成長の未来を拓く総合経済対策（令和元年 12 月 5 日）」https://www5.cao.go.jp/keizai1/keizaitaisaku/2019/20191205_taisaku.pdf

内閣府（n.d.）「Socierty5.0」https://www8.cao.go.jp/cstp/society5_0/

日本教育情報化振興会（2022）「第 13 回教育用コンピュータ等に関するアンケート調査報告書」https://www.japet.or.jp/wp-content/uploads/2022/06/ICTReport13.pdf

文部科学省（2019）「【資料 3-2】GIGA スクール構想の実現」https://www.mext.go.jp/content/

20191219-mxt_syoto01_000003363_11.pdf
文部科学省（2020）「令和 2 年度補正予算案への対応について（令和 2 年 4 月 7 日）」https://www.mext.go.jp/content/20200408-mxt_jogai02-000003278_412.pdf
文部科学省（2022a）「児童生徒の健康に留意してICTを活用するためのガイドブック 令和 4 年 3 月改訂版」https://www.mext.go.jp/a_menu/shotou/zyouhou/detail/20220329-mxt_kouhou02-1.pdf
文部科学省（2022b）「GIGAスクール構想の下で整備された学校における 1 人 1 台端末等のICT環境の活用に関する方針について（通知）」https://www.mext.go.jp/content/20220303-mxt_shuukyo01-000020967_1.pdf
文部科学省（2023a）「義務教育段階における 1 人 1 台端末の整備状況（令和 4 年度末時点）」https://www.mext.go.jp/content/20230711-mxt_shuukyo01-000009827_01.pdf
文部科学省（2023b）「初等中等教育段階における生成AIの利用に関する暫定的なガイドライン」https://www.mext.go.jp/content/20230718-mtx_syoto02-000031167_011.pdf
文部科学省（n.d.a）「StuDX Style」https://www.mext.go.jp/studxstyle/
文部科学省（n.d.b）「GIGAスクールサポーター配置支援事業」https://www.mext.go.jp/content/20201030-mxt_jogai01-000010768_001.pdf
文部科学省（n.d.c）「ICT活用教育アドバイザー，GIGAスクールサポーター，ICT支援員の概要」https://www.mext.go.jp/content/20201030-mxt_jogai01-000010768_002.pdf
ロスウェル，J.（2018）映画『教育革命 The School in the Cloud』
渡辺光輝・井上嘉名芽・辻史朗・林考茂・前多昌顕（2022）『逆引き版ICT活用授業ハンドブック』東洋館出版社.
Puentedura, R. R. (2010). *A Brief Introduction to TPCK and SAMR*. http://www.hippasus.com/rrpweblog/archives/2011/12/08/BriefIntroTPCKSAMR.pdf

第 5 章

ICT の活用における学習支援と課題

1. はじめに

　ICT（Information and Communication Technology）の活用は，2019（令和元）年に示されたGIGAスクール構想とその直後の新型コロナウイルスの感染拡大の影響による「コロナ禍」によって普及，一般化したといえるだろう。そして，いまやその取り組み事例や実証研究は，文部科学省をはじめ，各都道府県・市町村の教育委員会や教育センター，あるいは，学習支援システムやツール，アプリケーションを開発，提供している民間企業のサイト，関連書籍，Youtubeなどの動画投稿サイトに至るまで，数多く示されており，枚挙にいとまがない。また，その視点も学習環境としての整備や学校・学級経営，学習支援と多様であり，そのすべてを網羅的に論じることは困難であるといえよう。一方で，実際の教育，学習場面に焦点化すると，その活用状況は学校や学級，授業者，学習者によって異なり，「差」が生じているのも事実である。
　本稿では，ICTの活用について学習支援の視点から基礎的・基盤的視点を整理，確認し，ICTの活用の視点と今後の課題を示すことを目的とする。

2. ICT の活用の目的

　文部科学省（2019）はICTの活用について，現行の学習指導要領（H29・H30）と関わり，（1）情報活用能力の育成，（2）教科指導におけるICT活用の推進と教員の指導力向上，（3）プログラミング教育の実施に向けた取り組み

の3つの視点を示している。また，教科指導におけるICTの活用は，「学習への興味・関心を高め，分かりやすい授業を実現する上で効果的」であるとする。なお，同様の視点は文部科学省（2002；2009）にも確認することができ，「情報活用能力」や，現在，ICTの活用と関連して述べられることの多い，「個に応じた指導」の視点も2002（平成14）年の時点で確認することができる。また，文部科学省（2009）では，ICT活用の目的を情報活用能力の育成と教科の学習目標を達成するための2点に分け，さらにそれを教師によるICT活用と児童生徒によるICT活用とに分けて示している。このうち，教師によるICT活用については，授業中におけるICT活用と，学習指導の準備と評価のためのICT活用の2つがあり，授業中におけるICT活用は，「教師が授業のねらいを示したり，学習課題への興味関心を高めたり，学習内容を分かりやすく説明したりするために，教師の指導方法の一つとしてICTを活用すること」と示されている。一方，学習指導の準備と評価のためのICT活用は，「よりよい授業を実現するために教師がICTを活用して授業の準備を進めたり，教師が学習評価を充実させるためにICTを活用したりすること」と示されている。また，児童生徒によるICT活用は，「児童生徒が，情報を収集や選択したり，文章，図や表にまとめたり，表現したりする際に，あるいは，繰返し学習によって知識の定着や技能の習熟を図る際に，ICTを活用することによって，教科内容のより深い理解を促すこと」としている。

　このように，ICT活用の目的は，情報活用能力の育成とプログラミング教育という目標論，内容論に関わる視点と，教科教育における学習支援，学習方法という方法論的視点で整理できる。本稿では主に，方法論的視点，すなわち，教科教育における学習支援に着目して，その意義や特徴，課題について示す。

3. ICTの活用場面と内容及びツール

　文部科学省（2020）においては，学習場面に応じて，ICT活用を「一斉指導による学び（一斉学習）」「子供たち一人一人の能力や特性に応じた学び（個別学習）」「子供たち同士が教え合い学び合う協働的な学び（協働学習）」の3

第 5 章　ICT の活用における学習支援と課題

表 5-1　学校における ICT を活用した学習場面

A　一斉学習	挿絵や写真等を拡大・縮小、画面への書き込み等を活用して分かりやすく説明することにより、子供たちの興味・関心を高めることが可能となる。	A1	教員による教材の提示	画像の拡大提示や書き込み、音声、動画などの活用
B　個別学習	デジタル教材などの活用により、自らの疑問について深く調べることや、自分に合った進度で学習することが容易となる。また、一人一人の学習履歴を把握することにより、個々の理解や関心の程度に応じた学びを構築することが可能となる。	B1	個に応じる学習	一人一人の習熟の程度等に応じた学習
		B2	調査活動	インターネットを用いた情報収集、写真や動画等による記録
		B3	思考を深める学習	シミュレーションなどのデジタル教材を用いた思考を深める学習
		B4	表現・制作	マルチメディアを用いた資料、作品の制作
		B5	家庭学習	情報端末の持ち帰りによる家庭学習
C　協働学習	タブレット PC や電子黒板等を活用し、教室内の授業や他地域・海外の学校との交流学習において子供同士による意見交換、発表などお互いを高め合う学びを通じて、思考力、判断力、表現力などを育成することが可能となる。	C1	発表や話合い	グループや学級全体での発表・話合い
		C2	協働での意見整理	複数の意見・考えを議論して整理
		C3	協働制作	グループでの分担、協働による作品の制作
		C4	学校の壁を越えた学習	遠隔地や海外の学校等との交流授業

（文部科学省 2020 を基に作成）

つに分け，さらに細分化して 10 の分類例を示している（表 5-1）。
　また，文部科学省（2020）は，各教科の指導における ICT の効果的な活用について，教科の特性やそれぞれの教科に特徴的な学習場面に応じた活用法について事例を挙げて説明している。なお，ここでは使用される ICT，すなわ

ち，具体的な学習支援ソフトやツールは示されていないが，それぞれの学習場面に合わせて選択される必要がある。実際に学校において使用されている学習支援ソフトやツールは，Google Workspaceで使用できる複数のアプリケーションをはじめ，ロイロノートやミライシードなど多くのソフト，ツールがある。樋口（2022）は，ICTを使ってできることについて，情報活用能力の視点から9つ（「タブレットの基本操作」「文字入力・音声入力」「カメラ・写真」「文書作成」「表・グラフ」「情報の収集・共有」「情報の整理・分析」「プレゼンテーション作成」「プログラミング」）に整理するとともに具体的なツールを示しており，学習者がどのようなICTを使ってどのような学習を行うのか，どのような情報活用スキルが育成できるのかがイメージしやすい。また，樋口はこれらの機能を使いこなせることが系統的に情報活用能力を高めていく上で必要不可欠であるとしている。

4. ICTを活用した授業の特徴

ここで，ICTを活用した授業の特徴，すなわち，ICTを活用することの意義や利点について，ICTの特長を整理することで示したい。

本稿で挙げる学習活動に資するICTの特長は，①操作性，②可視性・一覧性，③複数性，④即時性・同期性，⑤共同性・協働性，⑥遠隔性，⑦自照性，⑧創造性，⑨記録性・保存性の9つである。

①操作性

学習者や授業者がICT端末等を用いて，教科書の文章や画像を閲覧しようとするとき，見たい部分を拡大して表示するなど，情報の形式や場所を操作することができる。他の学習者の意見や考えと比較したり，つなげたりして考える場合も，例えば付箋ツールなどを使って操作することで整理して考察しやすい。また，スクリーンショットなどの機能を活用して画像をトリミングしたり，タッチペンなどを使って文字を書き入れたりするなどの加工も可能・容易である。

②可視性・一覧性

　ICTを活用することで，それまで見えなかったものが可視化される。例えば，端末の録画・録音機能を使うことで，体育の実技や音楽の歌唱・演奏，国語の話合いなどを見える・聞こえる形で示すことができる。また，結果・成果としてのパフォーマンスだけではなく，その過程も可視化することができる。さらに，その情報は時間的・空間的に一覧することも可能である。ここで言う時間的な一覧性は，個人または集団の思考やパフォーマンスがどのような経緯をたどってきたか，どのように変容したかが一覧できることを指している。一方，空間的な一覧性は，そのとき他の学習者が同じ問いや課題について，どのような意見・考えを持っているのかについて，ワークシートやノートを共有するツールによって一覧で示すことができる性質を指している。この特長によって学習者は，複数の情報を通時的・共時的につなげ，考えることができる。

③複数性

　ここで示す複数性は，いくつかの視点・レベルに関わる。例えば，②に示した可視性に関わる点で言えば，動画教材や動画による記録は，学習者の情報処理を視覚的なものと聴覚的なもの，いわゆるマルチモーダルなものにする（複線化）。

　また，デジタル教材を通じた情報の提示やICTによる考え・意見の提示は，その情報が複数からアクセスされることを可能にする。または，複製することも可能である。この性質を活用してデザインされた学習活動では，学習者がそれぞれのタイミングで学習を進めていくことが可能であり，一斉授業においてもその学習が複線的に進行することを可能にする。

④即時性・同時性

　例えば，アンケートツールなどを用いることで，学習者の意見や考えが即時集計可能であり，量的・可視的に把握・提示することが可能である。また，③の複数性によって，複数の学習者が同じ情報（他の学習者が提出した意見や考えなど）にその場で同時にアクセスすることが可能である。

⑤共同性・協働性

　③複数性，④即時性・同時性を持つ情報は，異なる学習者が同じ情報を共有したり，同時に作成，編集・加工したりすることを可能にする。ファイルを共有するためのフォルダやクラウドがこの性質を担保する。

⑥遠隔性

　空間的に，あるいは時間的にも離れた学習者間で情報を共有したり，作成・編集したりすることが容易である。遠隔というと，異なる教室，異なる学校，異なる地域がイメージされやすいが，同じ教室であっても，移動することなく他の学習者の意見や考えなど，離れている学習者が持っている情報にその場で即時アクセスすることが可能である。また，その時間に学習に参加することができなくても，その学習活動の成果物やそれに至る経緯も記録することが可能であり，後でコメントを付けたり，編集したりすることも可能である。

⑦自照性

　ICTを用いることで見える自身の姿や思考の過程によって，自分自身を振り返って考えることが促される。②の可視性と関わり，ICTを使用しなければ見ることができない自身の姿を見ることも可能（動画や音声など）であり，自身を振り返るための視点や情報を増やすことができる。

⑧創造性

　①操作性，②可視性・一覧性ほか，多くの性質に関わるが，量的・質的に多様な情報へのアクセスの可能性は，学習を創造的なものにする。複数の情報とのつながりや比較によって導かれる意見や考えという「結果」についても創造的なものであるといえるが，その「過程（学び方）」も創造的なものになる。例えば，複数の動画教材へアクセス可能な状況（NHK for School等）では，準備された動画だけではなく，上級の学年や校種を対象として作成・準備された動画も活用しながら学ぶことができるように，学び方についても個人が創造的に選択することが可能である。

⑨記録性・保存性

　デジタルデータは一括して記録・保存することが容易であり，体系的・系統的なポートフォリオも作成しやすい。また，動画や音声など，デジタルでな

ければ記録や保存が難しい情報もある。様々な種類の情報を記録し，それを複製したり，加工したりして保存することが可能であり，学習の振り返りに活用しやすい。

　ここまで，ICTを活用した授業の特徴・可能性について，ICTの持つ特性・特長を整理することで示してきた。実際の授業では，それぞれの教科・科目の目標や見方・考え方に即して，活用される性質やそれを有するツールが選択されている。

5. ICT活用における課題と展望

(1) 課題 ― 固定化した学習観とICTへの心理的ハードル

　2024（令和6）年時点におけるICT活用に関する課題は，やはり学校・学級・教員間のICT活用の量や質の差といえるであろう。筆者は2023年度に，複数の小学校の授業研究に関わり，そこで自治体のICT支援員と情報交換の機会を得た。そこで，小学校でのICT活用についてその難しさについて尋ねたところ，「教師がなかなかICTを使おうとしないこと」が挙げられた。「使ってもらえれば，できることも実感できるはずだが，まず使ってもらうまでの心理的なハードルが大きい」という回答であった。

　ICTの活用については，皮肉にもコロナ禍に直面することでそれまで進まなかったICT環境が整備され，コロナ禍を経て，ICTについての教師の，あるいは世間の認知度が高まり，セキュリティ等の問題も解決されている。このような状況において，いまだに教師の固定化した学習観やICT活用についての心理的なハードルがその課題として指摘されている。

　近年，学校現場におけるICT活用レベルを示すモデルとして，プエンテデューラの「SAMRモデル」（Puentedura,2010）が活用されている。「SAMR」はそれぞれ「Substitution（代替）」「Augmentation（増強）」「Modification（変容）」「Redefinition（再定義）」を指している（表5-2）。

　豊福は，学校教育におけるICT活用の現状について，1人1台環境を示す

表 5-2 教育情報化の SAMR モデル

	ICT環境	利用頻度	重点領域	活用特徴	活用シーン
Redefinition（再定義）	複数機材／私有機材持ち込み	毎日毎授業・授業外の日常	○学びの個別化 ○知的生産活動学びの協働化・社会化	教育課程の転換	授業以外でも端末を活用することで学校の意義が変わる
Modification（変容）				知的生産と蓄積 学習目標の大幅変化	学習者の目的に応じて場所や端末を選択し活用する
Augmentation（増強）	1人1台個別所有1.0人／台（GIGAスクール構想）		○学習の基盤となる資質・能力（「情報活用能力」H29学習指導要領） ○日常利用	日常文具的活用 情報密度を数百倍に	教師の指示がなくても、毎授業で学習者が端末を扱う
Substitution（代替）	共有端末5.9→3.0人／台（文科省 2018-2022 計画）	年数回→1日1回	分かる授業	授業の小道具（教具）	教室で逐次教師が指示を与え、学習者が端末を扱う

（豊福 2020 を基に作成）

「Augmentation」の段階を最も重視し，1人1台が実現されたとしても，学習者のICTを活用する頻度を向上させ，扱える情報量を圧倒的に伸ばすことを目指していかない限り，学びの質は高まらないし，学びの変革も起こらないと指摘している（豊福，2020）。

新型コロナウイルスの感染拡大による一斉休校の中で，学校，行政，教師はその代替になるツールを探し，迅速にその環境を整えた。コロナ禍を経て，「1人1台」は実現された。しかし，まさに対面授業の「代替」であったICTの活用は，対面授業の再開と同時に，一部の教師の授業を除いて，その量を減らし，授業で扱う情報の量やICTの活用頻度は大きく増加しなかった。「代替」期間のうちに「増強」に至る実践は十分に行われず，その意義や効果が感じられることはなかった。先の支援員の嘆きはこのことを如実に物語っている。

その結果，学びや学び方は「変容」せず，教師や学習者の学習観も大きく変

容していない。教師の学習観の変容とICTの活用とは、いわゆる「鶏と卵」のような関係でもあろうが、その両方に働きかけていくことが今後のICT活用支援においても一つの要点になるのではないだろうか。

(2) 展望 ― 学習者中心の日常的な文具的活用

　豊福（2019）は、1人1台の状況下では、従前の、教員主導の抑制的な授業スタイルが活用を阻害する要因となることを指摘し、「学習端末が普及しても教員側が活用を抑制してしまうので、元の木阿弥」（p.64）になることを予言している。その上で、その解決策として「『ICT脱教具論』、つまり一斉授業での教具的なICT活用から、学習者中心の文具的活用への転換」（p.64）を挙げている。ICTを教具的活用から文具的活用へ転換するという視点は、現在ICT活用を考える上では基本的な視点となっているが、同様に日常的な活用も基本的な視点である。豊福は、授業内での日常的な活用の前に、手書き連絡帳や印刷配布物の代わりに電子メールや参照資料へのリンクを活用するように、学習者が毎日、毎時間ICTを使うことを習慣づけることが重要だと述べている。

　教師が教える抑制的な授業スタイルから学習者が学ぶ学習者中心の授業スタイルへの転換、ICT活用の日常化や日常生活とのつながりは、ICTの活用を考える上での基本的な視点といえそうだが、同様の視点は国語科における単元学習の考え方に指摘できる。大村はまの実践にその源を見る国語科における単元学習の特徴を、松崎（2015）は、「①学習者の言葉を言語生活の実態から出発して言語文化へと高めていくことをねらいとする。②したがって、実の場を設定して学習を進める。③そのために、学習者が興味を抱き、学びの材料として値打ちのある学習材を開発する。④その学習材を媒介にして、聞く・話す・書く・読むという言語活動を展開して、言葉の力を高めていく。⑤その際、学習者中心の探求的な学びを展開する。⑥また、学習の手引きなどを用いて個に応じた指導をする。⑦そのいっぽうで学習者同士の学び合いもある。⑧これらの活動を通して学習者は学び方を学ぶ」（p.30）と説明するが、これはICTの活用にもそのままあてはめることができよう。すなわち、学習者を含む私達の日常生活におけるICTの活用実態から出発し、学習者中心の探究的な学びを通

して教科内容を学ぶ。また、それと同時に、ICTを使った学び方やICTそのものについて学んでいく。

学習支援に特化した目新しいツールを使うことを目標にするのではなく、まずは、日常生活におけるICTの使い方や、そこで使用しているツールやその要素を学習活動に取り入れて教科の学習を行い、ICTの活用を日常的なもの、あるいは「文化」に高めていくことが求められているのではなかろうか。

6. おわりに

本稿では、ICTの活用について、学習支援という方法論的、教材論的視点からその特徴を考察した。しかし、本論で述べたように、ICTを「教具」ではなく「文具」として捉えたとき、そもそも、学びとはどのようなものかという学習論や学びの内実、つまり、教育における目標や内容を問い直すことになる。今後は、対面授業の「代替」としてではなく、ICTを活用することでこそ可能になる学びを創出し、「変容」「再定義」に至る道を企図しなければならない。

PISA調査はすでに、また全国学力・学習状況調査もCBT（Computer Based Testing）となる。テストに限らず、私達の生活においてICTは日常であり、国際的にはその実態や傾向はより顕著だ。日常生活からICTを授業に取り入れ日常に返すという中で豊かな学びを創出していくことが求められる。

最後にICTという語の意味から、ICT活用のための考察の視点を示し、結びとしたい。ICTはIT（information technology）にCommunicationが挿入されてできた語である。そこにあるコミュニケーションは、誰と誰のどのようなコミュニケーションだろうか。そのコミュニケーションにおいて、どのような情報がどのように活用されるのか。情報の収集や活用、他者との関わりにおいてどのようなツール（テクノロジー）が使え、使われているのか。以上のような視点で授業、教科指導におけるICTを見たとき、「主体的・対話的で深い学び」や「個に応じた指導」につながる具体的な視点や要素も導出できるのではなかろうか。

（谷口直隆）

参考文献

豊福晋平（2019）「ICT活用のハードルと文具的活用のポイント」『授業づくりネットワーク』33，学事出版，pp.62-65.

豊福晋平（2020）「1人1台環境をめざして，学校現場に必要なデバイスとICT環境」先端教育オンライン2020年8月号．https://www.sentankyo.jp/articles/ad723221-89ec-43e4-b686-0fec1f1aa685

樋口綾香（2022）『「自ら学ぶ力」を育てる GIGAスクール時代の学びのデザイン』東洋館出版社．

松崎正治（2015）「単元学習」髙木まさき・寺井正憲・中村敦雄・山元隆春 編著『国語科重要用語事典』明治図書，p.30.

文部科学省（2002）「ITで築く確かな学力～その実現と定着のための視点と方策～」http://www.mext.go.jp/b_menu/shingi/chousa/shotou/021/toushin/020902.pdf

文部科学省（2009）「『教育の情報化に関する手引』（案）」https://www.mext.go.jp/b_menu/shingi/chousa/shotou/056/gijigaiyou/attach/1259389.htm

文部科学省（2019）「平成30年度文部科学白書 第11章 ICTの活用の推進」https://www.mext.go.jp/b_menu/hakusho/html/hpab201901/detail/1422160.htm

文部科学省（2020）「教育の情報化に関する手引— 追補版—」https://www.mext.go.jp/a_menu/shotou/zyouhou/detail/mext_00117.html

Puentedura, R. R. (2010). *A Brief Introduction to TPCK and SAMR*. http://www.hippasus.com/rrpweblog/archives/2011/12/08/BriefIntroTPCKSAMR.pdf

第6章

デジタル教科書の導入と「児童用教科書」の未来

1. デジタル教科書の導入状況

　文部科学省（2014）によると，学習者用デジタル教科書とは，紙の教科書の内容の全部をそのまま記録した電磁的記録である教材である。このため，動画・音声やアニメーション等のコンテンツは，学習者用デジタル教科書に該当せず，学校教育法第34条第4項に規定する教材（補助教材）となるが，学習者用デジタル教科書とその他の学習者用デジタル教材を組み合わせて活用し，児童生徒の学習の充実を図ることも想定される。一方，指導者用デジタル教科書とは，指導者（教師）向けに開発されたもので，電子黒板やプロジェクター等の大型提示装置で情報を提示し共有することに適した構成になっている。

　デジタル教科書導入の目的は，2017（平成29）年告示（令和2年全面実施）の小学校学習指導要領の特色である「主体的・対話的で深い学び」のための授業改善や，障がい等により教科書を使用して学習することが困難な児童生徒の学習上の支援とされている。そのために，紙の教科書に代えて学習者用デジタル教科書を使用することができるとする「学校教育法等の一部を改正する法律」（平成30年法律第39号）等の関係法令が平成2019（平成31）年4月1日に施行された。

　また，学習者用デジタル教科書の使用の基準を定めた「学校教育法第三十四条第二項に規定する教材の使用について定める件」（平成30年文部科学省告示第237号）の一部が改正され，2021（令和3）年4月より，学習者用デジタル教科書を各教科等の授業時数の2分の1以上使用することができること

となった。

こうした背景を受け，2024（令和6）年にはすべての小中学校等を対象に，小学校5年生から中学校3年生に対して英語のデジタル教科書が提供される予定である。そして，次に導入する算数・数学やその他の教科については，学校現場での環境整備や活用状況等を踏まえながら段階的に提供されることとなっている。

(1) デジタル教科書実証事業にみる日本の動向
1) デジタル教科書の整備率と使用頻度

文部科学省（2023）によれば，学習者用デジタル教科書の整備率は小学校99.9％，中学校99.8％，特別支援学校32.2％，指導者用デジタル教科書は小学校94.3％，中学校95.1％，特別支援学校31.8％である（注：特別支援学校は，学校教育法施行規則第89条により，教科書以外の適切な図書を使用することができる）。小中学校でほぼ100％に近い整備率の背景には，2024（令和6）年度に先立ち，2022（令和4）年度「学習者用デジタル教科書普及促進事業」において，すべての小中学校等を対象に，英語等一部教科の学習者用デジタル教科書を広く提供し，普及促進に向けた実証事業が実施されたためである。

しかし，文科省委託事業（2023a）によれば，使用頻度は91.3％が週に60分未満，中でも「使わない週もある」の回答が68.6％を占めており，整備率に対する使用頻度は低く，普及促進には課題があることが分かる。

2) 提案されている活用例

文科省委託事業（2023b）では，「個別最適な学び」→「協働的な学び」→「個別最適な学び」（個人学習→集団学習→個人学習）という流れに当てはめたデジタル教科書の効果的な活用例が示されている（取り上げられている教科は，外国語／算数・数学／国語／社会／理科）。

例えば外国語（英語）では，デジタル教科書の読み上げ機能を活用した語彙や表現の学習を個人のペースで行い（個別最適な学び），デジタル教科書の拡大機能を活用して写真やイラストを他の学習者に提示しながらそれぞれの考えを交流する（協働的な学び），そして交流しながら書き込んだ自分の意見や

他の意見を見ながら，自信のなかった語彙や表現をデジタル教科書で確認する（個別最適な学び）という活用例が示されている。

　また国語では，デジタル教科書の書き込み機能を用いて重要語句や文に線を引いたり色分けしたりして理解を進め（個別最適な学び），書き込みの入ったデジタル教科書を見せ合うことで根拠を示して対話を行う（協働的な学び），そして大型提示装置で書き込みを全体共有し，それをもとに自分の考えの修正等を行う（個別最適な学び）という活用例が示されている。

　こうしたデジタル教科書の効果的な活用例は，後で述べるように現状の学校現場でも効果があるものとして受け入れられている。しかし，英語における語彙・表現（発音等）や国語における根拠の提示は，各教科の教育内容のほんの一部分であり，限定的な活用例にすぎない。今後，こうしたデジタル教科書の活用が拡大することで，限定的であるという認識が薄れ，結果的に教科の教育内容を狭めていくことにならないよう注視していく必要がある。

(2) デジタル教科書実証事業にみるA市の動向

　A市は，文部科学省（2023）において，ICTデジタル環境としては平均的な整備状況等に位置づく都道府県にある。また，A市教育委員会は，令和5年度「学習者用デジタル教科書の効果・影響等に関する実証研究事業」に関する参加校の募集に際し，参加を希望し書類を提出したものの，所属の都道府県教育委員会での調整の結果，参加不可となっている。なお，この事業においては，英語，算数・数学以外の教科や，小学校1～4年生のデジタル教科書の費用が計上されており，実証に参加する学校（例えば小学校1～4年生なら，設置者単位で5校以内）には，原則2教科分のデジタル教科書が提供されることとなっている。

1）教科別の導入状況

　A市の2023（令和5）年度デジタル教科書の導入状況としては，すべての小学校5，6年生と中学校の英語，また全小学校5，6年生のうち半数の学校（36校）に算数，全中学校のうち半数の学校（16校）に数学（特別支援学級用の算数を含む）の教科書が整備された。

A市では英語と算数・数学以外のデジタル教科書については，各学校において，指導者用デジタル教科書を「指導資料」として使用するという決定がなされると，整備されることになる。A市における「指導資料の選定に係る参考資料」には，「選定の留意点」として以下の3点が記載されている。「(1) 実際の授業において，教科書の内容を定着させるために，直接使用する資料であること　(2) 教師自身の研修のための資料でないこと　(3) 教科書準拠のものは，10万円以上でも可　例：掛図，指導書，地球儀，<u>デジタル教科書等（購入する際は，パソコンへのインストール費用を含むこと）</u>」（下線は原文ママ）。なお，デジタル教科書のライセンスは1年間とされている。教材・教具（および辞典等の書籍）に相当すると思われるものは，「指導資料」としては不適切とされる。このように，デジタル教科書はワークシート集やビデオ，指導書等と同等の資料に位置づくため，各学校において，他の指導資料と比べて優先度が高いと判断されない場合，整備されないということになる。

　またA市では，教材費を保護者負担としており，タブレット学習用のAIドリル等やロイロノートは教材とされ，保護者らの同意を得て各学校（場合によっては各学年）単位で導入されることとなっている。紙媒体のドリルを購入した際に無料で付いてくるデジタル教材や，学習者個々のつまずきに応じて進度が決定されるAIドリル（A市ではスタディサプリが普及している）が，学校・学年）単位で導入されている。しかし，A市教育委員会が令和4年3月に作成し，市内学校に配布した「1人1台学習端末の善き使い手をめざして～課題への対応＆活用の約束～」という冊子には，「AIドリル等の活用」という項目の中で，「ゲーム感覚で取り組んでいるが，じっくりと考えて取り組むことができていない」「問題を解く粘り強さや丁寧さが低下している」「つまずきが把握しにくい。誤答に気付きにくい」等の負の影響が指摘されており，課題は多い。一方で，年間の印刷費を大幅に削減する方針が出されたことから，今後，デジタル端末でのドリル学習への方向転換が急速に進む可能性も高い。

2）ICT環境の整備状況

　A市におけるICT環境の整備状況について，現職教員へのインタビューを中心に，複数校への観察調査の結果をもとにまとめてみたい。

まず，デジタル教科書を活用する際，A市の小学校ではスクリーンを黒板に貼り，教科書の内容を映す。その際にスクリーンが黒板の半分を占めてしまうため，併用が難しい。移動可能な電子黒板ではないため，他市と比べ，活用や授業の構想が制限される。A市はクロームブックを採用しているが，プロジェクターとの接続が有線接続のため，接触不良や線の長さで使用範囲が限定される。また，映像の光度が弱く，スクリーンに付属している電子ペンや学習者用タブレットのタッチペンの感度も悪い。こうした設備面・機器の性能面での課題がデジタル教科書の活用を妨げており，これらの解決が喫緊の課題である。

3）実施されている実践例

2）と同様にインタビュー・観察調査の結果から，現状多く確認できるのは，指導者用デジタル教科書の実践例である。教科に共通して多いのは拡大掲示の機能であり，資料・教材文・楽譜等の提示で活用されている。また，英語や国語における音声読み上げ機能（発音や朗読）の活用事例もある。すなわち，紙媒体での教科書やワークシート等の補助としての活用が中心である。特に活用実態が多いのは，英語の指導者用デジタル教科書で，活動イメージの共有（ミニゲームの説明動画等）や，単語の発音練習の際の音声再生の機能が活用されている。また，英語の四線の投影によるローマ字の書字練習での活用もある。

学習者用デジタル教科書の活用例としては，指導者用と同様に英語での活用で，音声読み上げ機能（発音練習）が多いが，ミニゲームの活用もある。英語ノートを活用し，学習者がゲームのメモをしたり，記録を取ったりする。教科書掲載のゲームに合わせたデジタルプリントがゲームを進める際に役立っているとのことである。ペアを変えてゲームを行いたいときには，書き込みを消して，何度でも使うことができることも利点となっている。

一方で，やはり課題も指摘できる。タッチペンの感度が悪いため，書き込み（書字）には不便があり，書くことを中心とした活動の際には紙のプリントを準備する方が効果的である。また，教科書の掲載内容が多いために，それをこなしていくと個々に活用する時間がほとんど残らない。また，掲載内容の多さに対応するために学習展開を工夫しようにも，ALTとの連携が不可欠であり，新たな活用方法を見いだすのも難しい現状がある。特に英語では，デジタ

ル教科書の活用が前提とされた教科書のつくりになっており，加えて全体に無料配布されたことから，「デジタル教科書を使わなければいけない」という受け止めが強まっている傾向を，現職教員だけでなくA市教育委員会の担当者からも聞き取った。指導のすべてにおいてデジタル教科書を活用するということではなく，効果を見定めながら必要に応じた活用が推進されるよう注意が必要である。

最後に，現状では，ページをめくるという行為に関わる課題が聞かれた。既習の単元を遡って比較するような活動においては，紙をペラペラめくり，内容を確認しながら必要な情報を見つける際に，デジタル教科書ではそれが難しいという意見があった。こうした課題は，アプリケーションの改善や検索機能の更新，デジタル・ネイティブ（インターネットやデジタル機器がある環境で生まれ育った世代）の増加によって解消されていくかもしれない。一方で，ペラペラめくりながら見つける活動の中に，重要な学習過程が含まれているかもしれない可能性についても，考慮していく必要がある。

2. デジタル教科書と学習者

(1) 韓国におけるデジタル教科書導入計画が示唆すること

デジタル教科書が早い段階で導入され，2015（平成27）年からすべての学校でデジタル教科書が解禁された韓国では，一歩進んだ，AI（人工知能）デジタル教科書の導入が2025（令和7）年度から計画されている（韓国教育省プレスリリース2023.6.8.（2023））。ここには，先進した韓国のデジタル教科書への取り組みが見える。

例えば，導入の進め方については，2025（令和7）年に数学，英語，情報，および特別支援教育における国語科に優先的に導入し，その後，国語，社会，科学など全科目の導入を目指しているということ，ただし，発達段階，科目特性などを考慮し，小学校1～2年生の低学年の全科目や，高校選択科目，全学年における音楽・美術・体育の実技系科目，そして道徳は除かれている。また，遅い学習者のための補習と速い学習者のための深化学習の提供など，カ

スタマイズされた学習支援が可能なように開発することが計画されている。

このように，デジタル教科書を進めてきた韓国では，開発と実践の積み重ねから，学年特性・科目特性・学習者特性に合わせて，同じデジタル教科書を一律に学習者に配布しないようになってきている。特に注目するべきは，小学校低学年の全科目にデジタル教科書を導入しない計画になっていることである。ここには，日本の今後のデジタル教科書運用についての大きな示唆がある。

(2) 紙とデジタル比較読解調査が示唆すること

学習者特性とデジタルとの関係については，興味深い調査結果が提出されている。難波編（2024）は，紙とデジタルのそれぞれのメディアにおいて比較読解調査を行ったところ，同一児童においては，紙とデジタルの読解において統計的な有意差はなかった，調査や読書において紙よりもデジタルでの読解を好む児童（デジタル志向性の強い児童）は，紙およびデジタルの両方において，紙志向性の強い児童よりも有意に読解点数が低かったと報告している。後者のことから，難波編（2024）の研究グループは，「デジタル志向特性は，読むこと／読解そのものと大きく関連していることが推測される」（p.133）としている。

この研究グループの一員である菅谷克行は「デジタル機器への関心の高さが読解への集中力を阻害している」（p.133）可能性を指摘しており，また，同じグループの黒川麻実は「紙ベースの教室／学校文化への抵抗感や嫌悪感がある（p.134）」と指摘している。学習から逃避してデジタルへの志向を強めた児童は，その結果ますます読解，さらには学習から遠ざかってしまう，という悪循環が生まれる可能性を，この調査結果から見いだすことができるだろう。

3. おわりに

　教科書が児童に手渡されることによって，児童がかえって学びから遠ざかってしまうという不幸を私たちは絶対に避けなければならない。そのためには，教科・学年・学習者，さらには地域や社会集団の特性や状況を踏まえ，デジタル教科書と紙の教科書をどのように按分していけばよいかについて，「児童の学び」の観点から，不断に見直していかなければならないだろう。

（森　美智代・難波博孝）

謝辞
　本論は，JSPS 科研費 JP21H00866 による研究成果を踏まえています。

参考文献

韓国教育省プレスリリース 2023.6.8．（2023）https://www.moe.go.kr/boardCnts/viewRenew.do?boardID=294&boardSeq=95261&lev=0&searchType=null&statusYN=W&page=7&s=moe&m=020402&opType=N）

文部科学省（2014）「3.学習者用デジタル教科書について」https://www.mext.go.jp/a_menu/shotou/kyoukasho/gaiyou/04060901/1349317.htm

文部科学省（2023）「令和 4 年度学校における教育の情報化の実態等に関する調査結果（概要）（令和 5 年 3 月 1 日現在）」https://www.mext.go.jp/content/20231031-mxt_jogai01-000030617_1.pdf

文科省委託事業（2023a）令和 4 年度「学習者用デジタル教科書の効果・影響等に関する実証研究事業」報告書（Ⅰ.アンケート調査編）」富士通総研．https://www.mext.go.jp/content/20230530_mxt_kyokasyo01_000030062_11.pdf

文科省委託事業（2023b）令和 4 年度「学習者用デジタル教科書の効果・影響等に関する実証研究事業報告書（概要版）」富士通総研．https://www.mext.go.jp/content/20230530_mxt_kyokasyo01_000030062_10.pdf

難波博孝編（2024）『デジタル時代の児童の読解力　紙とデジタル比較読解調査からみえること』文学通信．

第7章

社会における AI 活用の拡大と初等教育実践上の論点

1. AIの急速的な社会への進展

　生成系AIが急速に発展し，実社会において活用領域を拡大しており，教育や学習の在り方を揺るがしている。生成系AIの代表といえる「Chat GPT」は公開から五日で百万人のユーザーを獲得し，二カ月目で一億人にまで拡大した。松本（2017）は，「シンギュラリティ（技術的特異点）が急速に迫っている」（p.10）と言う。神崎（2018）によると，「シンギュラリティとは，AIの急速な発展により，人間が理解できないほどの高度な能力を持つ機械が登場すること」（p.10）を指す。

　生成系AIは主に「テキスト生成系」と「画像・音声生成系」に分かれる。前者は文章の生成，翻訳，要約など言語に関連したタスクが可能である。後者はプログラミングのコード生成に特化したものや絵画や3Dに特化した「DALL・E3」，文字起こしのAI「Whisper」などが無料で公開されている。ただし，生成系ＡＩは全体の構成を把握したり，関連付けたりする思考や計算問題が苦手である。余りのある二桁の割り算や 100 × 100 × 100 の計算に誤りを生じる反面，Chat GPT4 は，野口（2024）によれば「過去5年間の米国医師試験や日本の司法試験に合格する」といった事例まで報告がされている（p.133）。

　AIの普及に伴い2023年には，夏休みの読書感想文にはAIが書いたものが提出されるのではないかという危惧から，夏休み前に文部科学省（2023）は「初等・中等教育段階における生成AIの利用に関する暫定的なガイドライン」

（文部科学省，5文科初第758号 令和5年7月4日）」を全国の学校に通知した。「長期休業中の課題等について」では，読書感想文や日記，レポート等に関して，外部のコンクールへの応募を推奨したり，課題として課したりする場合の留意点が述べられている。生成AIの教育利用に関する「基本的な考え方」として，現時点では限定的な利用から始めることが適切であるとし，すべての学校で情報活用能力を育む教育活動を一層充実させ，AI時代に必要な資質・能力の向上を図る必要があるとしている。また，教師のAIリテラシー向上や働き方改革につなげる必要があると述べられている。このように，社会のあらゆる分野でAIの導入が進む中，初等教育においてもAIの活用が注目されている。AIを導入することで，教育の効率化やカスタマイズされた学習の実現が期待される一方で様々な問題点も浮上している。教育におけるAI活用は「校務での活用」と「学習での活用」に大別できる。紙面の都合上，「学習での活用」について考えてみたい。

2. AIと初等教育の基本問題

　AIと初等教育とはどのように関わっているのであろうか。例えば「授業でAIをいかに活用できるか」と問えば，私たちは学習指導に関わる技術や教材としてのAIの活用可能性を模索するであろう。一方で，「授業でのAI活用に懸念はないか」と問えば，私たちはAIがもたらすリスクを考えるであろう。いずれにしても，社会におけるAI活用は学校教育の文脈に限らず進展し拡大している。つまり，AIは学習指導の技術や教材として存在する以前に，社会システムや日常生活にまで浸透を続けているのである。本稿の「社会におけるAI活用の拡大と初等教育実践上の論点」について問うためには，AIが進展，拡大を続ける社会に生きる子どもたちはどのような存在であるのか，その子どもたちがいかに学んでいくのか，という問題意識を持たなければならない。つまり，子どもたちは，AIが進展，拡大を続ける社会に生まれ育つということであり，その子どもたちがAIを活用してどう学ぶのか，ということである。この問いには，「AIで変化する社会における子ども」と「生まれたときから

AIとともにある子どもの学び」という二つの観点が含まれている。ここからは，「社会の変化と初等教育」と「子どもの学びの身体性」について論じていきたい。

(1) 社会の変化と初等教育

　現代社会や未来は，しばしば，変化が激しく予測不可能な社会と表現されるが，まさに大きな社会変化に直面し，教育は根本から変わらねばならないと論じたのが，J・デューイ（1859-1952）の著作『学校と社会』（J. Dewey, *The School and Society*. 1899）である。『学校と社会』は1896（明治29）年に始まったシカゴ大学附属小学校における実践の成果を主としてまとめたものであり，その実践を代表するものが"occupation(s)"（以下，「仕事」）と呼ばれるカリキュラムである。「仕事」のカリキュラムを端的に言えば，子どもが自らの興味を社会的な方向へと実現させようとする過程を学習，あるいは探究の過程と捉えた上での，そうした学習活動やそれが行われる場・時間の計画である。具体的には，工作，料理，裁縫，織物作業などが計画され実践された。

　デューイが「仕事」を学校教育に取り入れた背景には，産業化による社会の大きな変化がある。産業化以前の，「もの」の生産が家庭や地域で社会的，協力的に行われていた社会では，子どもが共同体の構成員として，実際の材料に触れ，実際にそれらを扱い，他の人と協力しながら「もの」を生産してきた。しかし，産業化によって「もの」の生産が工場で行われるようになると，こうした共同の，生産的な活動は多くの場合子どもの日常生活から切り離されたと考えられる。デューイは子どもの社会生活が有していた教育的意義が見失われることを危惧し，学校を生きた社会生活を再現する場とするべく，カリキュラムとしての「仕事」を取り入れたのである。デューイにとって学ぶことは生活（life）の日常的な条件や動機から切り離されたものではありえず，デューイ（1899）が言う「生活と結びついた学び」こそが目指す学習の姿であった。

　現在，そして未来社会は，デューイの生きた時代とは大きく異なる。しかし，社会が変化し子どもたちの環境や子どもたち自身が変化していることには，変わりない。AIが進展，拡大する社会に生まれ成長していく子どもたち

にとっては，AIやデジタル技術は親しみがあり身近にある当たり前のものであろう。一方で，そのような子どもたちから切り離されているものはないだろうか。社会の変化と初等教育を考える際には，社会の変化とともに子どもたち自身について本質的で変わらないところと，すでに変化し，変化を続けていることの双方に留意する必要があろう。

(2) 子どもの学びの身体性

　AIは人工知能であり，言葉の上からは，何となく知識や記憶，思考，表現などを連想する。『人工知能学大事典』において，石塚ほか（2010）によると「人工知能（artificial intelligence; AI）とは，推論，認識，判断など，人間と同じ知的な処理能力を持つコンピュータシステム」（p.2）とある。検索機能，ネットショッピングやSNSのおすすめ機能，顔認証，画像や文章の自動生成機能，バーチャルリアリティ，ロボットの制御に至るまで，AIが関与して行われている。AIは産業用ロボットが作る自動車のような物質的なものだけでなく，絵や音楽のような芸術的なものから，読書感想文のような知的な文章まで生成する。多くの事象でAIが人間にとって代わる存在であるようにも感じられる。

　改めて，AIと人間との決定的な違いは何であろうか。その一つは，生物としての生身の身体を有するかどうかであろう。子どもたちが学ぶとき，その身体はどのような意味をもっているのか。

　デューイが「仕事」というカリキュラムで手仕事を取り入れたのは，社会生活の実感の味わいが薄れていくことを危惧していたからではないだろうか。社会生活の実感とは，社会を存続させる活動を，自らが社会の成員として，他者と協力して責任をもって行うという社会的意義とともに，それが自らの手や眼などの身体的諸器官と思考との相互作用を通して表現されるという身体的意義をもつということである。

　子どもが「経験から学ぶ」という表現は，デューイの学習論を代表するものである。この表現が意味することは，経験に意味が加えられたり，広がったりすることによって，その後の経験が方向づけられるという一連の過程である。

何かが「分かった」というのは,「経験が意味づけられた」ことを意味する。そこでは,身体と思考の相互作用が不可欠な契機として捉えられてきたのである。

子どもたちの学びにデジタル技術,AIが深く関わるようになったとき,それが子どもたちが身体や諸感覚を活発には使わなくなることにつながるのか,つながらないのか。そこには,大きな違いが生まれるように想像される。これまで初等教育段階において,子どもたちは身体を活発に用いた体験を通して成長してきた。AIが浸透を続ける社会において身体や感覚を用いることの意味や意義が再考される必要がある。人間の知的な活動の一部を肩代わりするAI,身体や感覚を通して学んできた子どもたち,初等教育段階にあって,身体性についての考え方は大きな論点となるであろう。

3. AI時代でも変わらない学び・教師の役割

AIの進展による社会の変化と初等教育を考えるには,「社会の変化とともに変わらない学び」と「社会の変化とともに変わる学び」の双方の視点で整理しながら述べてみたい。

(1) 経験や体験の重要性

経験の重要性は変わらないだろう。AIは指示されたことには答えるが,自ら問いを立てられるわけではない。また,仮説を立てることやその仮説に対して実験を行い仮説検証することはAIにはできない。この問いや仮説が生まれるのは,探究活動における経験や体験さらには不便さや失敗を通じて生まれることが多いのではないだろうか。

近い将来,AIやバーチャル空間の過度な活用を問い返すのはJ・デューイやJ・J・ルソーらの経験主義およびペスタロッチらの実物主義だろう。経験主義とは経験を通じて知識が形成され,現実との関係を通じて価値が発生するというものである。知識と価値を切り離すことなく捉え,経験に基づく知識を実用的なものとして捉える考え方である。実物主義とは,現実世界の存在や事実を

重視し，それらを学びや知識の基盤と考える立場である。このようにAIにはできない，人間ならではの学び方はこれからも重要であることは変わりない。

(2) 言語の重要性と対話を通じた知識の深化

　プロンプト（指令や問いかけ）とはAIに指示する文字列であり，簡単に言えば入力するテキストである。AIへのプロンプトもインターネット検索同様に言語で行われるため，言語を適切に用いる能力は変わらず，その前段に位置づく基礎的な知識の重要性も変わらない。期待した返答が得られなかった場合は，追加でプロンプト（チャット）を入力することで，より効果的な返答が得られる。これは，AIとの対話であり，言語を用いた対話の重要性は変わらない。ビジネス界では「プロンプトエンジニア」というAIから回答を引き出す職業も誕生しており，プロンプト自体を売買するサイトも多く存在する。このAIとの対話において重要なのが具体的な入力である。次のような項目の入力が効果的である。「立場」「役割」「条件」「文脈」「シチュエーション」「キャラクター」等である。さらに，出口も指定してあげる。「優しい言葉で」「要約して」「タスク化して」「箇条書きで」「多言語で」「スケジュール化して」等である。他にも，「文字数」や「回答形式」も指定する。これらを含めたプロンプトが生成系AIの効果的な活用につながる。このように言語の重要性と対話を通じた知識の深化も変わらない。

(3) 教師の存在

　教師がいくなることはないだろう。子どもの好奇心やモチベーションを引き出したり，創造性を養ったりしていくことは，AIが得意とする分野ではない。コミュニケーションを取り，一人ひとりの個性を理解した上で，子どもに寄り添った教育を行っていくことは変わらない。

　しばしば，AIは将棋界との比較で語られる。棋士達は6億手先まで予測できるAIと練習をして腕を磨いている。最近の対局中継ではAIによる次手の予測や優勢・劣勢をリアルタイムに数値で示してくれる。しかし，人間と人間とが対局することはこれからも変わらない。私たち観客は，決して盤面で展開さ

れる駒の動きだけを楽しんでいるのではなく，棋士が行う長考や表情も将棋の楽しさとして認識しているからである。同様に，教育も人間と人間の営みであることは変わらない。AIが得意で任せる場面と人間である教師が行う場面との棲み分けを明確にしておきたい。

4. AI時代が問い直す学び・教師の役割

　AIに読書感想文を書かせることの問題以前に，夏休みの読書感想文の課題は，何のために行われていたのかを問い直すべきであり，AIの進出がその絶好の機会である。一人一台のタブレット端末が整備され，様々な情報コンテンツやソフトが授業で活用される時代になった。調べて，まとめるだけの宿題や授業ならば，自宅でAIと学習したら済んでしまう。むしろ大事なのは，AIから情報を得て，概要を把握した後に立ち上がる本質的な問い（例えば，教育内容や概念的知識に関連する問い）や疑問から問題設定につなげるのが教師の役割であり，議論する場が学校である。教師は対話的で協働的な学びを実現していくファシリテーターの役目も担いたい。AIを活用し，学習効果を最大化する指導技術の習得が求められる。そして，AIによって教師の負担が軽減されれば，その分，子どもの創造性や道徳性などを養っていくためや校務の時間に回せばよい。本来の教師が行うべき，子どもと向き合うことに時間を割いて，AIは個別の支援で効果を発揮してもらう。

　次に，AIを活用することで，個々の学習状況に適応して，学習内容のレベルに適したフィードバックやアドバイスをリアルタイムに提供することが可能となってきた。アダプティブ・ラーニングや個別最適化と呼ばれるものである。AIにより最適な問題や発達の最近接領域の問題が出されると主体的な学びにつながる。

　一方で，AIにより出題された問題を何も疑わずにタスクとして解くようでは，AIに使われるだけで，受動的な学習者育成につながりかねない。AIドリルでは複数問題が出され，学習者に選択させる機能をつけるなど，受け身にならない活用方法を探りたい。また，パターン化した問題や返答のみでは，没

個性化した教育へ陥る危険もある。
　近い将来，教師にはラーニングアナリティクスの能力が求められるだろう。リアルタイムで学習状況が把握でき，瞬時にデータ化され，過去の膨大なビッグデータを基に，AIとともに子どものつまずき予測や今後の進捗状況を判断して，授業を設計する時代が迫っている。しかし教師がタブレット画面だけを見て，学習者の表情を見ないようでは本末転倒といえる。AI時代の学校の在り方や教師の役割を改めて問い直してみたい。

5. 初等教育におけるAIの効果的な学習場面

　学習では「副操縦士」として活用したい。「副操縦士」とは，決定権のある操縦士である教師や学習者をサポートするという位置付けである。生成系ＡＩは文章の作成や推敲が得意であり，この特徴を学習に活用した事例を紹介する。

（1）壁打ち相手
　テニスの一人練習で行う壁打ちのように，音声入力をしてAIを学習相手として活用する。ロールプレイとして英会話の相手や見学先でのインタビュー活動における事前の練習相手になってもらうなどの活用である。文章をAIに修正させたものをたたき台として，何度も推敲して，より良い文章とする作文の支援にも効果を発揮する。立場を入力してあげることが効果的な活用である。
・反対役の会話を示して。
・批判的なコメントを返して。
・消防署見学のインタビュー練習で質問に答えるだけの不愛想な消防士役。
・英語検定5級程度の英語で会話の相手をして。
・文体を○○風に直して。文末を意見文に直して。
　このように，プロンプトを様々な組み合わせや立場，パターンを変えて入力すると効果的である。

(2) アイデア出し

　文章を書くことが苦手な学習者にサポート役として，書き出しのリード文を提示してもらい，文章作成のガイド役をしてもらう。議論やまとめの際には「他の視点を見つけて」や「賛成派の論拠となる資料とデータを三点示して」と入力して，多様な視点をえることができる。先述した将棋の棋士たちもAIと練習することで思考の幅を広げるアイデアをもらって棋力を伸ばしている。将棋界はうまくAIを活用しており，教育界も見習いたい。

6. 初等教育で育成したいAIリテラシー

(1) 要点やキーワードを見つける力

　先述したように，AIへのプロンプト入力はインターネット検索と同様に言語で行われるため，言語を適切に用いる能力は変わらない。プロンプトに適切な言葉を入力することで，AIから効果的な回答を引き出すことができる。国語の説明文学習を中心に，要点やキーワードを的確に見つけ，要約する力は初等教育から系統的に育成したい。

(2) 想像力・創造力

　AIの出力は基本的には文字情報だけなので，手紙やメールを書いた時の相手や文脈を想像する力が大切である。AIは，真に人に共感して，感情に寄り添うことができない。さらに大黒（2021）によれば，「AIは収束的思考が得意で，拡散的思考は不得意である」という（p.156）。ゆえに人間は拡散的な思考力を磨きたい。人間だからこそ出せるアイデアを生み出し，形にする創造力が，より重要になってくる。

(3) メディアリテラシー

　生成系AIでは事実と異なることや文脈と無関係な内容などが出力される，幻覚（ハルシネーション）を含むことがある。AIの情報を参考程度にとどめ，ファクトチェックやダブルチェックと呼ばれる真偽を判断するAIリテラシー

が求められる。

　さらに，著作権侵害のリスク，偽情報の拡散や信頼性に関する懸念，個人情報の流出，批判的思考力や創造性および学習意欲への影響等の危惧も高まっている。学習者と使い方を相談して決めて，活用の方法を模索したい。

7．おわりに

　算数に電卓が入ってきた時，インターネットが登場した時，Wikipediaが登場した時，GIGAスクール構想におけるタブレット端末が教室に届いた時，最初はそれらに否定的な先生も多かったのではないだろうか。しかし，次第に生活に浸透し始め，結局はみんなで話し合い，ルールや使い方を決めてうまく活用して共存している。「Wikipediaを鵜呑みにしないように」と同じように「生成系AIを鵜呑みにしないように」と指導をするだろう。将棋の棋士たちもAIと練習することで思考の幅を広げ，アイデアをもらいながら棋力を伸ばしている。教育界もAIを全否定することではなく，仕組みと留意点を理解しながら，慎重に使ってみて，よりよいルールや使い方を構築していきたい。

（神野幸隆・朝倉愛里）

引用・参考文献

石塚満・山田誠二・橋田浩一・新田克己（2017）「1-1　総論」人工知能学会・JSAI編『人工知能学大事典』共立出版，p2.

大黒達也（2021）『AI時代に自分の才能を伸ばすということ』朝日新聞出版.

神崎洋治（2018）『シンギュラリティ（やさしく知りたい先端科学シリーズ3）』創元社.

野口悠紀雄（2024）『生成ＡＩ革命 社会は根底から変わる』日本経済新聞出版.

松本徹三（2017）『AIが神になる日 ― シンギュラリティが人類を救う ―』SBクリエイティブ.

文部科学省「初等・中等教育段階における生成AIの利用に関する暫定的なガイドラインの作成について（通知）」5文科初第758号.

Dewey, J. (1899). The school and society, J. A. Boydston (ed.). (1976). *The middle works, 1899-1901*, vol.1. Southern Illinois University Press, pp.1-112.

第Ⅱ部
学校の教育課程と学習指導要領との関係を問う
― カリキュラムとマネジメント ―

第8章

学習指導要領の現状と課題
― 出発点からみた検討 ―

1. はじめに

　学習指導要領は，その出発点である「学習指導要領一般編（試案）」（昭和22年版）から現在にかけて，時代の要請などに伴って変化してきた。また，小学校，中学校，高等学校，特別支援学校などの校種間の整合性が考慮され，構成を変えながら系統化されてきた。

　2016（平成28）年12月21日の中央教育審議会答申（中教審第197号）では，学習指導要領が「学びの地図」として教育関係者，子供自身，家庭や地域，社会の関係者に幅広く活用できるように目指すことが記された（pp.20-21）。一方で，働き方の問題などから「教職」の意義や魅力が伝わりにくくなり，今日の教員不足へとつながっている。学習指導要領を現実の学校教育の中で展開する体制が脅かされているのである。本章では，学習指導要領の現状をその史的な変遷を踏まえて考察するとともに，初等教育の未来にむけて学習指導要領の課題を「性格」「構成」「内容と表現」の観点から提示する。

2. 学習指導要領の出発点としての「試案」

(1)「学習指導要領一般編（試案）」（昭和22年版）の性格

　学習指導要領は，その出発点において，あくまで試案であり，教師のために政府が準備した学習指導の手びきという性格を有していた。小学校・中学校

を対象として作成された初めての「学習指導要領一般編（試案）」（昭和22年版）の序論には「なぜこの書はつくられたか」という項がたてられ，民主的な国民を育てるためには，これまでの画一的な教育を改めなければならないという記述がある。そして，試案作成の目的について以下のように示されている（p.2）。

> この書は，学習の指導について述べるのが目的であるが，これまでの教師用書のように，一つの動かすことのできない道をきめて，それを示そうとするような目的でつくられたものではない。新しく児童の要求と社会の要求とに應じて生まれた教科課程をどんなふうにして生かして行くかを教師自身が自分で研究して行く手びきとして書かれたものである。

　教師の主体性を促す記述の背景には，終戦直後の非軍事化や民主主義改革がある。1948（昭和23）年に上巻・1949（昭和24）年に下巻で刊行された文部省著作教科書の全文をまとめた『民主主義』(2018)のはしがきには，「人間の生活の中に実現された民主主義のみが，ほんとうの民主主義」であると謳われている（p.5）。また，そのときどきの政策が教育を支配することは，大きなまちがいのもとであり，「政府は，教育の発達をできるだけ援助すべきではあるが，教育の方針を政策によって動かすようなことをしてはならない。教育の目的は，真理と正義を愛し，自己の法的，社会的および政治的の任務を責任をもって実行していくような，りっぱな社会人を作るにある」とされる（p.342）。ここでは民主主義を担う一員を育成する志が表現されている。

　中谷ら（2008）は，昭和22年版および昭和26年改訂版の小学校・中学校学習指導要領に焦点をあて，昭和26年改訂版の学習指導要領を分析してこの時期の教育が，経験主義教育を推進しようとする教育課程であったことに言及している。また，宮本（2018）も昭和22年度〜昭和33年度までの期間を，旧文部省による経験主義教育を中心とした学校運営の時期と位置づけている。このように，この時期の学習指導要領には，アメリカの経験主義や発達心理学の影響がうかがえる。

(2)「学習指導要領一般編(試案)」(昭和22年版)および同(昭和26年版)の構成

「学習指導要領(試案)」(昭和22年版)には,一般編と各教科編があり,一般編は,序論,第一章 教育の一般目標,第二章 児童の生活,第三章 教科課程,第四章 学習指導法の一般,第五章 学習結果の考査,附 予備調査及び知能検査,で構成されている。

4年後に改訂された「学習指導要領一般編(試案)」(昭和26年版)では,高等学校の内容が追加されており,まえがき,序論,Ⅰ教育の目標,Ⅱ 教育課程,Ⅲ 学校における教育課程の構成,Ⅳ 教育課程の評価,Ⅴ 学習指導法と学習成果の評価,で構成されている。

この改訂版では教科の目標の項に「経験の組織が教科である」と明記され,生活経験中心の教育観に基づく単元構成の生活単元学習が推し進められた。また,児童会・クラブ活動・学級活動などを「教科以外の活動」として学校教育に価値づけた。その意で,「教育課程」という言葉が用いられるようになった。また,各教科に全国一律の一定した動かしがたい時間を定めることは困難であると説明された。小学校においては,教科を4つの経験領域に分け,低学年・中学年・高学年ごとに各教科の時間配当を全体の時間に対する比率で示している。具体的に高学年においては,主として学習の技能を発達させるに必要な教科(国語・算数)は40%〜35%,主として社会や自然についての問題解決の経験を発展させる教科(社会科・理科)は25%〜35%,主として創造的表現活動を発達させる教科(音楽・図画工作・家庭)は25%〜20%,主として健康の保持増進を助ける教科(体育科)は15%としている。

3. 学習指導要領の法的拘束力に関する論争と現在

(1) 法的拘束力に関する変遷

1958(昭和33)年8月28日,学校教育法施行規則の改正で,各学校に対する教育課程の基準として定める学習指導要領は文部大臣が公示するものとなり,文部省告示として官報に掲載され,法的性格が明示されるようになった。

学習指導要領の法的性格については，長期にわたって論争されてきた。例えば，先行研究（植田，2014，p.167）には次のような指摘が見られる。

> 学習指導要領は，1951年以降今日に至るまで，文言上ではずっと「教育課程の基準」と位置付けられてきた。しかし，1951年版学習指導要領の高校編を1956年に改訂するに際して，高校へのコース制の導入とともに，その「基準性」の問題が論議を呼ぶに至った。（中略）文部省（当時）は通達のなかで「指導要領によらない教育課程を編成することは違法である」とし，学習指導要領は省令の委任に基づいて法的拘束力を有するとの解釈を示した（「学習指導要領の基準性等に関する文部省見解」〔1955.10.26〕）。

また，（角本，2007，p.76）の先行研究では，下のような指摘が見られる。

> 学習指導要領の法的拘束力をめぐって，指導助言説，大綱的基準説，基準説など，その効力についていろいろな論議があった。かつて，職員団体は，学習指導要領は教師にとって教育実践の上であくまでも参考程度のものでしかなく，教育課程の編成権は教師又は教師集団にあるとして「自主編成権」を主張した。しかし，この問題は昭和51年5月21日の永山中学校事件最高裁判決において決着がついた。

このように，教育制度にまつわる論争の決着として学習指導要領が法的拘束力をもったことが指摘されているのである。

(2) 学習指導要領の法的性格に関する現在

「小学校学習指導要領」（平成29年文部科学省告示）では，第1章総則の前に，前文として学習指導要領の定義や役割が示されている

> （略）よりよい学校教育を通してよりよい社会を創るという理念を学校と社会とが共有し，それぞれの学校において，必要な学習内容をどのように学び，どのような資質・能力を身に付けられるようにするのかを教育課程において明確にしながら，社会との連携及び協働によりその実現を図っていくという，社会に開かれた教育課程の実現が重要となる。
> 学習指導要領とは，こうした理念の実現に向けて必要となる教育課程の基準を大綱的に定めるものである。学習指導要領が果たす役割の一つは，公の性質を有す

る学校における教育水準を全国的に確保することである。

　また，2016（平成28）年2月に総則・評価特別部会（第5回）で配付された参考資料2では，学校教育法（抄）第33条，学校教育法施行規則（抄）第52条，小学校学習指導要領第一章総則第1を根拠に，学習指導要領の法的性格について，「各学校が教育課程の編成及び実施を行うに当たっては，これに従わなければならないもの」であり，同時に「児童生徒の学習状況などその実態等に応じて，学習指導要領に示していない内容を加えて指導することも可能」とし，この性質を「基準性」と説明している。また，「学習指導要領に示す教科等の目標，内容等は中核的な事項」であり，「大綱的なもの」と説明している。

　なお，日本国憲法，教育基本法，学校教育法，学校教育法施行規則（文部科学省令），現行の学習指導要領は法令類であるが，文部科学省が著作者である各教科等の学習指導要領解説や指導資料・事例集等は法令ではなく，学習指導要領に記述された意味や解釈などを説明したり例示したりするためのものである。しかしながら，学習指導要領の告示後まもなく文部科学省が著作権者として発行するいわゆる「解説」は，告示文の実質的な解釈基準として，教育行政や教育実践，教科書編集などに強く影響している。

4．学習指導要領に示された教育課程

（1）小学校学習指導要領の構成

　「小学校学習指導要領」（昭和43年文部省告示）の目次に注目して，教育課程の構成を捉えてみたい。第1章 総則，第2章 各教科（第1節～第8節。国語，社会，算数，理科，音楽，図画工作，家庭，体育の順），第3章 道徳，第4章 特別活動で構成されている。

　一方「小学校学習指導要領」（平成29年文部科学省告示）の構成をみると，前文，第1章 総則，第2章 各教科（第1節～第10節。国語，社会，算数，理科，生活，音楽，図画工作，家庭，体育，外国語の順），第3章 特別の教科道

徳，第4章 外国語活動，第5章 総合的な学習の時間，第6章 特別活動で構成されている。

これらの目次構成を比較すると，教育課程上の区分が膨らみ，内容が複雑化していることが分かる。

教育課程の編成に関して，「小学校学習指導要領」（平成29年文部科学省告示）第1章総則の「第1　小学校教育の基本と教育課程の役割」には次のように示されている。

> 1　各学校においては，教育基本法及び学校教育法その他の法令並びにこの章以下に示すところに従い，児童の人間として調和のとれた育成を目指し，児童の心身の発達の段階や特性及び学校や地域の実態を十分考慮して，適切な教育課程を編成するものとし，これらに掲げる目標を達成するよう教育を行うものとする。
> 2　学校の教育活動を進めるに当たっては，各学校において，第3の1に示す主体的・対話的で深い学びの実現に向けた授業改善を通して，創意工夫を生かした特色ある教育活動を展開する中で，次の(1)から(3)までに掲げる事項の実現を図り，児童に生きる力を育むことを目指すものとする。

このように各学校において教育課程を編成し，「創意工夫を生かした特色ある教育活動を展開」することが求められているのである。ただ，学習指導要領に示された教育課程の区分等の複雑さや今日的な教員不足などの課題からは，各学校の特色ある教育活動の展開には困難も生じている。

(2)「小学校学習指導要領」（平成29年文部科学省告示）の内容と表現

「小学校学習指導要領」（平成29年文部科学省告示）では，「知識及び技能」「思考力，判断力，表現力等」「学びに向かう力，人間性等」の3つの資質・能力をもとにして，教科等の目標が整理されている。

内容と表現に着目して学習指導要領の出発点である「学習指導要領一般編（試案）」（昭和22年版）と「小学校学習指導要領」（平成29年文部科学省告示）の記述を比較すると，まず，児童理解や指導支援を解説する内容や表現から，教育課程を規定し，留意事項や工夫すべき事項を示す内容や表現に変容している。また，教育課程を編成する主体は学校であるという記述は共通している

が，民主主義を強調する表現から法令遵守を強調する表現へ変化している。そして教育課程存在の意義は，地域社会や子どもの要求から編成する目安から，教育目標を達成するための基準へと変化している。

次に，指導に関わる記述に着目すると，「学習指導要領一般編（試案）」（昭和22年版）第四章では，「一，学習指導は何をめざすか」「二，学習指導を考えるにどんな問題があるか」「三，具体的な指導法はどうやって組みたてるべきか」（pp.20-34），が目次として取り上げられ，問題例や活動例が長文で記載されている。一方，「小学校学習指導要領」（平成29年文部科学省告示）は，総則では学校運営上の留意事項や道徳教育に関する配慮事項，各教科では「指導計画の作成と内容の取扱い」の項があり，配慮事項や考慮事項，留意事項を列挙する表現となっていて対照的である。例えば，第1章総則第4に「1 児童の発達を支える指導の充実」として掲げられている内容は，学級経営の充実，ガイダンスやカウンセリングによる支援，児童理解，生徒指導の充実，キャリア教育の充実，多様な学習形態による学習を行うことなどである。また，第4の2では，特別な配慮を必要とする児童への指導として，障害のある児童への努力事項，海外から帰国した児童，日本語の習得に困難のある児童への努力事項，不登校児童への配慮事項を挙げている。

5. 学習指導要領の課題

学習指導要領の史的変遷や現状を踏まえ，課題を3つ挙げたい。

第1の課題は，学習指導要領の「性格」としての厳格さである。学習指導要領が法的性格をもったことで，全国的に教育の方向性が共通認識できるようになったことは公教育のよさであり，一定の水準を保つ上で成果があったと考える。しかし，地域社会の特性を活かして創意工夫する教育活動を展開するためには，学校が提案する教育課程を尊重して，主体性や個性を引き出し，地域の特性や伝統がより強く活かせる教育環境の実現はできないだろうか。「柔軟な」カリキュラム編成が謳われているので，より弾力化をもたせ，基準表の複数類型から選択できたり，過去にならって割合に幅をもたせたりすることが考

えられる。また，問題対応や個に応じた取り組みに必要な時間差は，学校の実情や，時々の状況によって，かなりの違いがあり，共感的理解と時間的保障が必要である。

　第2の課題は，学習指導要領がその「構成」により，通読しにくくなったことである。学習指導要領の構成をみていくと，校種間の整合性を図りながら，改訂にあわせて章や節が追加されてきた。特に小学校は学級担任が複数教科を担うため，他の校種とは異なり，全体を俯瞰して通読できることが大切である。したがって「学びの地図」として現実的に機能させるのであれば，「構成」の複雑さに対する改善について，多様な立場からの議論が継続的に必要である。

　学校が作成する計画書のスリム化については，中央教育審議会も指摘している。2019（平成31）年1月25日「新しい時代の教育に向けた持続可能な学校指導・運営体制の構築のための学校における働き方改革に関する総合的な方策について」（答申）（第213号）の4「学校が作成する計画の見直し」（p.34），5「教師の働き方改革に配慮した教育課程の編成・実施」（p.35）の方針に同意した上で，さらに，学校が主体的に選択・決定した必要な取り組みに絞って計画書を作成・実働させ，計画書作成が自己目的化しないようにしたい。

　第3の課題は，「内容と表現」に関して，項目を列挙する文体への危惧である。現在，学習指導要領は「教育課程の基準」として存在するため，目標や教育内容に関する理解が浸透することには意義がある。一方，留意・配慮すべきことを膨大に列挙することは，教師を委縮させ，意欲や主体性を減退させることにつながるとも考えられる。何より，内容が構造的にシンプルになることで多くの人々に伝わりやすくなる。学習指導要領のよりよい在り方を求めて議論していきたい。

6. おわりに

　激しい変動の中にあって，進化を続ける学校の姿は，子どもと教師のウェルビーイングに勇気と示唆を与えてくれる。中央教育審議会の「令和の日本型学校教育」を担う教師の在り方特別部会が，処遇改善や休息時間などの具体案を文部科学省に提出した。これを機に学習指導要領の現状と課題についても見直し，学校教育の未来が明るくなるような議論をしていきたい。

（森保尚美）

参考文献
植田健男（2014）「学習指導要領と教育課程編成権」日本教育法学会編『教育法の現代的争点』Ⅱ-4 教育課程・教科書法制　法律文化社．
角本尚紀（2007）「教育課程の基準と学習指導要領」『神戸海星女子学院大学研究紀要』45，pp.75-86.
国立教育政策研究所「学習指導要領データベース」https://www.nier.go.jp/yoshioka/cofs_new/index.htm
国立国会図書館議会官庁資料室（2023 更新）「日本-学習指導要領の調べ方」https://ndlsearch.ndl.go.jp/rnavi/politics/post_505#two
中央教育審議会（2016）「幼稚園，小学校，中学校，高等学校及び特別支援学校の学習指導要領の改善及び必要な方策等について（答申）」https://www.mext.go.jp/b_menu/shingi/chukyo/chukyo0/toushin/__icsFiles/afieldfile/2017/01/10/1380902_0.pdf
中央教育審議会（2019）「新しい時代の教育に向けた持続可能な学校指導・運営体制の構築のための学校における働き方改革に関する総合的な方策について（答申）」https://www.mext.go.jp/component/b_menu/shingi/toushin/__icsFiles/afieldfile/2019/03/08/1412993_1_1.pdf
中谷陽子・生野桂子・北村好史・生野金三（2008）「学習指導要領の研究―経験主義の教育課程をめぐって―」『白鷗大学論集』23（1），pp.25-49.
宮本浩紀（2018）「戦後教育史における改訂学習指導要領の位置づけ―資質・能力及びその育成に資する教育方法の歴史的変遷」『信州豊南短期大学紀要』(35) pp.15-37．
文部科学省（2016）教育課程部会総則・評価特別部会（第 5 回）参考資料 2「学習指導要領等の構成，総則の構成等に関する資料」pp.1-3．
文部科学省（2017）「小学校学習指導要領」（平成 29 年文部科学省告示）
文部省編（1947）『学習指導要領：試案　昭和 22 年度一般編』日本書籍，国立国会図書館デジ

タルコレクション．https://dl.ndl.go.jp/pid/1445643
文部省編（1951）『学習指導要領：試案　昭和 26 年版([第 1])（一般編）訂』明治図書出版，国立国会図書館デジタルコレクション https://dl.ndl.go.jp/pid/1708912
文部省「小学校学習指導要領」（昭和 43 年文部省告示）
文部省（2018）文部省著作教科書『民主主義』角川ソフィア文庫．

第9章

学校の教育課程の編成と実践

1. 学校と教育課程の公共性と自律性

　現在では世界のほとんどの国で学校の存在は自明のものとなっている。日本をはじめ世界各地で児童は学校へ通うことが当たり前になってきているが，人類の長い歴史の中では，このような学校の自明性はつい最近になって構築されてきたことを再確認する必要がある。

　日本の場合，2022（令和4）年以降に創立150周年をむかえた小学校が全国各地で見受けられるように，1872（明治5）年の学制以降に近代的な小学校の制度が構築され始めた。学制の実施により，寺子屋や私塾など江戸時代からの施設や組織をもとに全国に次々と小学校が設立され，小学校の数自体は1874（明治7）年にはすでに2万校を超えるほどであったが，そこで学ぶ児童は当時の学齢期児童数の3割ほどであった（文部省，1972，pp.194-195）。設立された当初の小学校の教育課程の編成については，学制では小学校は下等小学（四年）と上等小学（四年）を基本として，下等小学では綴字・習字・単語・会話・読本・修身・書牘・文法・算術・養生法・地学大意・窮理学大意・体術・唱歌の14教科，上等小学は加えて，史学大意・幾何学大意・罫画大意・博物学大意・化学大意・生理学大意，また土地の状況によっては外国語の一，二・記簿法・図画・政体大意とされていた（文部省，1972，p.168）。

　いまから約150年前に，日本で小学校とその中での教育課程の在り方が学制によって示され，全国各地に次々と近代的な学校が設立されていくが，この当時は学制をはじめとする明治政府の一連の政策への不信や不満は少なく

なく，学校の焼打ち事件なども各地で発生するような状況であった（文部省，1972, p.170）。そのため，この当時にも学制のような全国一律の中央集権的な教育政策ではなく，各地域や学校ごとの地方分権的な教育政策への転換の必要性が早くも考えられていくこととなる。

そもそも当時の明治政府は小学校の設立や開校を積極的に進めながらも，その一方で財政的支援を行うことまではできずに，実際には各地域の有力者などが学校の財政や人事の管理を行い，その学校が地域の会合の場にもなり（木全，2004, pp.21-22），児童が学ぶだけの施設ではない機能を歴史的にも担うようになっていく。そのため，この時期は学校所在地の地域にとっての公共性と自律性を大事にしながら，手探りや手作りでの学校づくりや教育課程の編成と実践を進める学校が少なくなかった。

木全（2004）によると，例えば，滋賀県では明治初期には当時の文部省が示す教則をもとにしながらも，独自の「滋賀県教則校則」を公布したり，県内でも郡単位の地域版教科書づくりなどが積極的に進められたりしていた。中川（1978）においても，この時期には全国一律の画一的な教則による学校での授業は不適切であるとして，地域の実情に適合した教育課程をつくる努力を払うのがよいと考える立場が，文部省の中にも存在していたことが明らかにされている。しかしながら，このような地方分権的な教育の方向性は，明治中期以降になると，徐々に中央集権的な方向性へと推移していくこととなる。

この方向性を大きく導く契機となるのが，1886（明治19）年の「小学校令」の公布であった。この小学校令は全国の小学校の教育を厳格に統轄することとなり，その後の小学校の基本構成を確立したものと位置づけられている（文部省，1972, p.307）。小学校令では義務教育に関する条文が明確に掲げられ，さらに1889（明治22）年2月には大日本帝国憲法が公布，1890（明治23）年10月には新たな小学校令に続いて，教育勅語が発布されるに至る。1890年の小学校令の翌年には「小学校設備準則」「小学校祝日大祭日儀式規程」「小学校教則大綱」「小学校ノ毎週教授時間ノ制限」等の関係諸規則の整備も進み，ここにおいて近代的な国家主導による小学校の体制は確立することができたとされている（文部省，1972, pp.310-311）。小学校令などの整備を通して，明

治30年代の後半には小学校への就学率は男女ともに90％を超え，小学校の教育課程においても教科書の国定化等により全国的な統一化が進展していくこととなった。

2. 教育課程の国定化と教育実践の郷土化・多様化

　明治時代の後期には小学校の制度や教育課程は国家的な整備が進む一方，日本の各地ではそれぞれの地域の特色を生かした独自の教育実践に取り組む小学校の動きも活発化していく時期でもあった。昭和の初期まで続くこの時期は大正自由教育期とも呼ばれるように，教科書や教育課程の国定化が進む中でも，全国各地で自由で多様な教育実践が展開していくこととなる。

　例えば，当時の長野師範学校附属小学校では「先ず我々は教科課程とか，学科というものを離れて元にかえり，子供自身に立かえってみなければならぬ。これは決して国家の要求を無視したのではなく，あんなことを，あんな形式でやらなければならぬか，他にもっとよい方法はないものか」と考え，「子どもの心ゆく生活」（杉崎，1952，p.11）の結果としての教育課程の編成と教育実践の試行が繰り広げられた（永田，2006）。

　また，鳥取県の成徳小学校では，国定の教育課程はそのままに当時から教科の中では最も授業時数の多かった国語科の時間数を一部活用する形で学校独自の教科としての「文化科」を設置した。この文化科では地域と学校で独自の「郷土読本」を作成して活用することを通して実態としては地域の「郷土文化学習」を担いながらも，国定教科書の中での「一般的な文化学習」とも関連づけることを理念的には意識した「総合的文化学習」の可能性を導く教育課程を実現させていた（永田，2000）。

　このような学校独自の特設教科による教育課程の編成と教育実践の在り方として，東京の浅草尋常小学校（永田，2009）や神奈川県の川崎尋常小学校（永田，2010）ではともに「生活科」の名称のもとで，成徳小学校の文化科と同じように国定の教科書や教育課程だけでは実現の難しかった各地域や各学校の実情に即した学びの創出を導き出していた。

3. 教育課程の国家主義化から戦後の地域教育計画へ

　明治後期から昭和初期にかけての時期には，国家による教育課程や教科書の国定化とともに，全国各地の地域や学校の実情に応じた学びの郷土化と多様化も同時並行的に進展した。しかしながら，この後には世界的な戦時体制の進行に伴い，1941（昭和16）年に公布の「国民学校令」に至ると教育課程の国家主義化が強力に進められ極まることとなる。この国民学校令により全国の小学校は国民学校へと名称を改め，そこでの教育課程の編成は表9-1のように定められることとなる。

　この国民学校の目的は「皇国の道に則りて初等普通教育を施し国民の基礎的錬成を為すを以て目的とす」と国民学校令の第一条に示され，皇国民としての基礎的錬成の資質内容として次の5つが示された。それは，①国民精神を体認し，国体に対する確固たる信念を有し，皇国の使命に対する自覚を有していること，②透徹せる理知的能力を有し，合理創造の精神を体得し，もって国運の進展に貢献しうること，③かつ達剛健な心身と献身奉公の実践力とを有していること，④高雅な情操と芸術的，技能的な表現力を有し，国民生活を充実する力を有すること，⑤産業の国家的意義を明らかにし，勤労を愛好し，職業報国の実践力を有していること（文部省，1972，pp.574-575）とされた。このような資質を錬成するための教科として，国民科・理数科・体練科・芸能科・

表 9-1　国民学校の教育課程

目的	皇国民の錬成													
課程	高等科			高等科・初等科										
教科	実業			芸能					体錬		理数		国民			
科目	水産	商業	工業	農業	家事	裁縫	工作	図画	習字	音楽	武道	体操	理科	算数	地理	国史	国語	修身

（文部省，1972，p.575 より筆者が作成）

実業科の5教科と18科目による教育課程の編成が施されるに至る。

　一人一人の個人の尊厳や各地域・各学校の実情や実態などは極度に置き去りにされた本時期の教育課程のもとでの教育実践は，目的としての皇国民の錬成に象徴されるように，そのような人材への錬成という誤った教育の在り方を二度と繰り返してはならない負の遺産として認識し続ける必要がある。

　以上のような国家主義的な教育課程は戦後には一転する。明治時代の初期から70年以上をかけて進められてきた学校や教育課程の考え方から大きく舵を切ることとなったが，その際の新たな方向性については，最初の学習指導要領となる「学習指導要領一般編（試案）」（昭和22）の序論の「なぜこの書はつくられたか」に次のように明記されていた（文部省，1947，p.1）。

> いまわが国の教育はこれまでとちがった方向にむかって進んでいる。この方向がどんな方向をとり，どんなふうのあらわれを見せているかということは，もはやだれの胸にもそれと感ぜられていることと思う。このようなあらわれのうちでいちばんたいせつだと思われることは，これまでとかく上の方からきめて与えられたことを，どこまでもそのとおりに実行するといった画一的な傾きのあったのが，こんどはむしろ下の方からみんなの力で，いろいろと，作りあげて行くようになって来たということである。

　戦争を経て，それまでの学校と教育課程の在り方を転換しようとする時に，それまでの大日本帝国憲法・教育勅語・国民学校令等のように「上の方からきめて与えられたことを，どこまでもそのとおりに実行する」のではなく，日本国憲法・教育基本法・学習指導要領のもとでは「下の方からみんなの力で，いろいろと，作りあげて行く」方向性が教育課程の編成においても大事にされることとなる。「学習指導要領一般編（試案）」（昭和22）では教育課程の編成について「教科課程はどうしてきめるか」（この時期までは教育課程ではなく教科課程と表記・表現されていた）の中で「その地域の社会生活の特性により，児童青年の地域における生活の特性によって，地域的に異なるべきものである」として「教科課程は，それぞれの学校で，その地域の社会生活に即して教育の目標を吟味し，その地域の児童青年の生活を考えて，これを定めるべきものである」（文部省，1947，p.12）と明示された。

このような新たな方向性のもと，この時期には埼玉県における川口プランや広島県の本郷プランに代表されるような全国各地の独自の地域教育計画をはじめとする多様な教育課程の編成と実践が活発に展開された。しかしながら，このような各地域における多様な学びの在り方も，明治末から昭和初期にかけての大正自由教育期と同じように長くは続かず，教育課程の編成は再び統制や統一性が強まっていく歴史を繰り返すこととなる。

4．学習指導要領の告示から生活科と総合的な学習の時間へ

それまで発行の形であった学習指導要領が告示として示されるようになるのが，1958（昭和 33）年の文部省告示第 80 号としての「小学校学習指導要領」（昭和 33）である。学習指導要領が告示となって以降，全国各地で教育紛争が発生して裁判で争われることとなったが，そこでの争点は主として学習指導要領の法的基準性（法的拘束力）についてであった。1976（昭和 51）年の最高裁判決の中で，学習指導要領には法的基準性がある旨の判断が示され，長く争われた問題に最終的な決着がついた（文部省，1992, p.310）とされている。

1977（昭和 52）年告示の学習指導要領は，学ぶべき内容や方法，そして授業時数が極大化した学校で生じた様々な課題への適正化にむけて，当時の行き過ぎた社会的な要求に基づく学校現場を置き去りにしたかのような教育課程ではなく，カリキュラムの人間化にむけた方向性がとられることとなる（水原，2010, p.161）。学習指導要領が学校の細かい部分までのすべてを指し示すのではなく，学校への裁量をある程度まで認めることにより，「学校が創意を生かした教育活動を行う時間」としての「ゆとりの時間」が各学校の時間割の中に組み込まれることとなった。1980（昭和 55）年時点での小学校教員を対象とした坂本（1981）の調査によると，「ゆとりの時間」に対して，「望ましい改善である」（41.2％），「現状は変わらない」（37.7％），「学校の創意・工夫，独自性が生かせる」（34.6％），「運用が 形骸化し，実効を期待できない」（29.9％）のように，学校現場の受けとめは当初から賛否両論であった。

しかしながら，この「ゆとりの時間」以降，学校の教育課程の編成と実践

の流れは，1989（平成元）年告示の学習指導要領における小学校低学年段階の新教科「生活科」，そして同じく1998（平成10）年告示においては小学校3年から高等学校までを貫く「総合的な学習の時間」の創設を導き出すこととなった。2024（令和6）年時点で，生活科は学校での実践が始まってから30年以上，総合的な学習時間も20年以上の長い蓄積を重ねてきている中にある。

　本稿では，ここまで学校の教育課程の編成と実践を歴史的に振り返ってきたが，いまから40年以上前に展開された「学校が創意を生かした教育活動を行う時間」としての「ゆとりの時間」から，現在も進行中の生活科と総合的な学習の時間の在り方は，学校と教育課程の公共性と自律性に関して繰り返されてきた理想と現実の狭間の中で生じている現時点での進行中の一つの現象であることを常に意識していく必要がある。

　すなわち，学校の教育課程の編成と実践は上記の自覚化なしには，すぐに学校現場以外の何らかの作用にその公共性と自律性を奪われてしまう危険性を常に有している。一度，その裁量が学校現場から離れてしまうと，それを再び取り戻すことには大きな困難と支障を生じてしまうことを，改めて強く意識していく必要性がある。学校の教育課程の編成と実践の主体者は，何よりも学びの主権者としての児童，そして児童とともにある学校現場の実践者たちである。その象徴的な学びの主軸となっているのが，現在の教育課程の中にしっかりと根を張り始めている生活科と総合的な学習の時間であり（永田，2019），この両者の今後の展開の在り方が，これから先の学校の教育課程の編成と実践のあり方の象徴や基準，そして評価と指標の道標にもなる。

5. 現行の学習指導要領と解説における教育課程の編成と実践

　ここまでの歴史的な検討をもとに，本稿の最後に現行の学習指導要領と解説で示されている教育課程の編成と実践の在り方の要点を整理してみる。

　現行の「小学校学習指導要領」（平成29）においては，第1章「総則」の第2「教育課程の編成」の中で「教育課程の編成に当たっては，学校教育全体や

各教科等における指導を通して育成を目指す資質・能力を踏まえつつ，各学校の教育目標を明確にするとともに，教育課程の編成についての基本的な方針が家庭や地域とも共有されるよう努める」（文部科学省，2017，pp.18-19）と示されている。「小学校学習指導要領解説総則編」（平成30）においても，第2章「教育課程の基準」の冒頭で「教育課程は，日々の指導の中でその存在があまりにも当然のこととなっており，その意義が改めて振り返られる機会は多くはないが，各学校の教育活動の中核として最も重要な役割を担うものである」（文部科学省，2018，p.11）とされている。

「小学校学習指導要領」（平成29）の「総則」の第1「小学校教育の基本と教育課程の役割」では「各学校においては，教育基本法及び学校教育法その他の法令並びにこの章以下に示すところに従い，児童の人間として調和のとれた育成を目指し，児童の心身の発達の段階や特性及び学校や地域の実態を十分考慮して，適切な教育課程を編成する」（文部科学省，2017，p.17）とあり，各種の法令に基づくことは前提としながら，その中でいかに学校ごとに特色ある教育課程を家庭や地域と共有しながら編成していけるかが肝要となる。この点については「小学校学習指導要領解説総則編」（平成30）の中でも「各学校においては，国として統一性を保つために必要な限度で定められた基準に従いながら，創意工夫を加えて，児童や学校，地域の実態に即した教育課程を責任をもって編成，実施することが必要である」（文部科学省，2018，p.13）と明記されている。また「教育課程編成における学校の主体性を発揮する必要性」（文部科学省，2018，p.17）も強調されており，「教育課程の編成作業は，当然ながら全教職員の協力の下に行わなければならない。『総合的な学習の時間』をはじめとして，創意工夫を生かした教育課程を各学校で編成すること」（文部科学省，2018，p.17）として，「校長は，学校全体の責任者として指導性を発揮し，家庭や地域社会との連携を図りつつ，学校として統一のある，しかも一貫性をもった教育課程の編成を行うように努めること」（文部科学省，2018，p.17）と示されている。

その上で実際に教育課程の編成に取り組む際の手順の一例として，「小学校学習指導要領解説総則編」（平成30）では，①教育課程の編成に対する学校の

基本方針を明確にする，②教育課程の編成・実施のための組織と日程を決める，③教育課程の編成のための事前の研究や調査をする，④学校の教育目標など教育課程の編成の基本となる事項を定める，⑤教育課程を編成する，⑥教育課程を評価し改善する（文部科学省，2018，pp.43-45）と例示されている。この手順の中で特に重要となるのが，教育課程の評価と改善である。学校における教育課程の編成には完成はなく，実施する中で常に修正や改善に取り組むことが重要となる。教育課程を計画・実施する中で達成した成果は何であり，達成に至らなかった課題はどこにあったのかを不断に実践者と児童が相互に留意し続けられることが，学校における教育課程のさらなる成長と改善にも結びついていくこととなる。

なお，学校の教育課程について，学習指導要領等によらない編成と実施を認める文部科学省の制度としての研究開発学校がある。この制度は前述の学習指導要領の法的基準性に関する最高裁判決が出された同じ年となる1976年に設けられたが，その目的は教育課程の基準改善に資する実証的資料を得るためとされている（天笠，2019，p.191）。この研究開発学校での取り組みの成果としては，1989（平成元）年以降の生活科や総合的な学習の時間をはじめ，後の外国語活動など，学習指導要領で示される新たな教科や時間や活動の設置へとつながっている（天笠，2019，p.195）。学校は公共的な存在である点において，過去においても現在においても学習指導要領等の国の基準から大きく異なる編成や実施は，研究開発学校等の認められた制度下以外では難しい。しかしながら，昔も今も学校の中での主体者である児童の成長にとって，何が最も大切なことであるかを，各学校が地域の実情等に即して自律的に考え続けることこそが，学校における教育課程の編成と実施の根幹であることを忘れてはならない。

（永田忠道）

参考文献
天笠茂（2019）「研究開発学校とカリキュラム開発」日本カリキュラム学会編『現代カリキュラム研究の動向と展望』教育出版，pp.191-198.

木全清博（2004）『滋賀の学校史：地域が育む子どもと教育』文理閣．
坂本孝徳（1981）「『ゆとりの時間』と『教育課程の創意・工夫』に関する意識調査：第三次報告」『日本教育経営学会紀要』23，pp. 14-31．
杉崎瑢（1952）「大正年間における新教育の発足：長師付属小研究学級の経過概要」『信濃教育』790，pp.11-21．
中川浩一（1978）『近代地理教育の源流』古今書院．
永田忠道（2000）「大正自由教育期における『文化科』の開発：鳥取県成徳小学校の総合的特設教科の実践」『日本教科教育学会誌』23，pp. 21-29．
永田忠道（2006）『大正自由教育期における社会系教科授業改革の研究：初等教育段階を中心に』風間書房．
永田忠道（2009）「世界・国土空間編成に対峙する郷土教育カリキュラム：東京市浅草尋常小学校の『生活科』実践の場合」『社会科研究』71，pp. 11-20．
永田忠道（2010）「固有・共通空間の共有化を志向する郷土教育カリキュラム：川崎市立田島尋常小学校の『生活科』実践の再検討」『社会科教育論叢』47，pp. 73-82．
永田忠道（2019）「『総合的な学習の時間』の歴史」朝倉淳・永田忠道編『総合的な学習の時間・総合的な探究の時間の新展開』学術図書出版社．
水原克敏（2010）『学習指導要領は国民形成の設計書：その能力観と人間像の歴史的変遷』東北大学出版会．
文部省（1947）『学習指導要領一般編（試案）』日本書籍株式会社．
文部省（1972）『学制百年史』帝国地方行政学会．
文部省（1992）『学制百二十年史』ぎょうせい．
文部科学省（2017）『小学校学習指導要領（平成29年告示）』東洋館出版社．
文部科学省（2018）『小学校学習指導要領（平成29年告示）解説総則編』東洋館出版社．

第10章

同一年齢で編制される学級集団と教育実践

1. はじめに

　今日の学校における各学級の編制は，法律等にのっとり年齢を基準として実施されていることが一般的である。そこには一定の合理性があるものの，多様性や個別の状況に応じにくいことなど実践上の課題も見られる。本章では，初等教育における学級の意味，同一年齢の集団における教育実践の成果と課題，今後の学級の在り方について考察する。

　まず，日本における学級制度の歴史的変遷を整理し，同一年齢で編制される学級の成立過程とその中で構築された日本における学級集団の性格を明らかにする。次に，現在の日本における同一年齢で編制される学級集団の実践上の課題を整理し，日本における学級集団の今後の在り方について展望する。

2. 日本における学級制度の歴史的変遷

(1)「等級」制の採用

　明治初期に小学校が設置された当初は，「等級」制が採用されていた。濱名（1983）によると，等級制とは一定の序列を持つ「階級」（グレイド）によって教育課程を編成し，児童はその階級を一つ一つ昇りつめることによって一定の課程を修了したと認定される制度である。1872（明治5）年の「学制」では，尋常小学を上下2等に区分し，原則としてそれぞれ4年間の修業期間と定め，さらに文部省「小学教則」で，上下2等を各8級に分け，児童は最初8級に

入学し、1級へと進級すると定めた。1級の標準修業期間は6か月、各等級の教科目の内容、方法、毎週教授時数も指定され、進級は唯一試験（試業）によるのみであった。

実施の実態について濱名（1983）は次の点を指摘している。第1に各等級における在籍児童数の著しい不均衡、下位等級への在籍者の集中（青森県の場合、明治6年80.2％、13年53.2％）である。第2に同一等級内の児童の年齢構成の多様さ（明治10年の広島県の場合、下等小学科第8級の児童の年齢は、3歳7か月から14歳1か月まで、4級の児童は9歳11か月から16歳までの開き）である。等級制では、1校に16名の教師の配置が必要であるが、当時の財政負担能力および教員養成の実行不可能な状況から、一教員が複数の等級を担任する「合級」制が普及した。この段階では個々の等級の区別は保たれていた。

濱名（1983, p.149）は「明治19年の文部省令第8号『小学校ノ学科及其程度』において、教員数と児童数とを基準とする授業組織としての『学級』という概念が初めて登場する」としている。尋常小学校は80人、高等小学校は60人以下の児童は教員1人で教授することができ、教員2人を置く時は2学級を設け、児童の数が120人以上となる時は3学級となる。ここで、「学級」とは、1人の教員が教授しうる児童数が基準であるという考え方が出された。

(2)「等級」制から「学級」制への移行

濱名（1983）は従来の等級にかわる教授―学習組織としての「学級」という概念が明確に規定されるのは、1891（明治24）年の文部省令においてであるとする。全校児童を1学級に編制するものを単級学校、2学級以上に編制するものを多級学校と名づけ、学級の編成の規準は、児童数に置かれ、等級に類似した概念である教育課程の序列は、二次的な基準となっていると指摘している。

学級編制の推移の概要は次のとおりである。創設当初は複式編制、特に単級の学校が主流であり、その直接的な要因は、教員と教室が少数で充足するという経済上の利点であった。しかし、実践の中で教育上の意味付けも行われ

た。例えば、単級学校では、1人の教員が数組を同時に担当するため、必要に迫られて「自働練習」の習慣を与えた。これは教授上の利点のみでなく、訓育上の利点となる。つまり、1人の教師による一貫した指導が可能であること、生徒相互の関係にも家族主義的な好結果が生まれ、年功序列による秩序が保たれやすいことであり、「学級制、とくに単級編制の学級は、知育よりもむしろ訓育にとってふさわしい編制であった」としている（濱名、1983、p.151）。

就学率の上昇に伴い、明治末期には単級学校から多級学校が主流となった。

1つの学校の児童を2学級に分ける場合は、「学級編成の基準は、まず第一に『児童数』である。そして、1つの学校に基準数以上の児童がいる場合には、まず『学年』で分け、さらに1学年を分ける必要があるときは、『学力』を考慮して編成するしくみに」なり、「学年」と「年齢」が同義になった（濱名、1983、p.151）。

1900（明治33）年の小学校令改正後は、就学の始期と終期、学年の開始と終了の規定も行われ、児童は1年間同じ学年に在籍し、年齢と学年も対応することになった。ここで成立した学年別学級は今日まで継続し、後の教育改革や指導法の取り組みも、同一年齢で編制される学級集団が常にその前提となっていく。

学級の成立過程における特質の変化を、濱名（1983）による児童集団と教育機能の側面での整理をもとにみていく。まず、児童集団の変化では、等級制は児童の学力は同質であるが年齢は異質であった。その後の合級を経た単級においては、児童の学力も年齢も異質となり、さらに学年別学級では学力は異質であるが年齢は同質に向かっている。次に、教育機能の変化を教授的な機能と訓育的機能の顕在性に着目してみる。等級制では教授機能が主であり、単級に移行すると訓育機能が顕在化し、教授機能は児童の「自働練習」として自学主義的な側面がみられたとしている。「学級での教育活動、とりわけ訓育活動を展開するうえでの『集団』に対する着目は、単級において始まったとみることができる」と指摘している（濱名、1983、p.153）。そして、学級編制の第一を年齢とした学年別学級においては、単級での訓育機能とともに教授機能である教師の指導力、統制力も強化されるようになった。

(3)「学級」制における学級集団としての特徴の変遷

　日本における学年別学級の学級集団としての特徴を明らかにするために，学級制の成立期から現在までの特徴の形成過程をみていく。

　柳（2005）は，同年齢による「学級」制度は簡単には進まなかったとしている。人々は，村落共同体に生活基盤をおき，自然発生的な「子ども組」という異年齢集団に組み込まれ，年長者を中心とする自治がおこなわれていた。これに対して「学級」は，よその村落の見知らぬ同じ年齢の他人と強制的に一緒にさせられ，よそ者としての教師によって統制される，まったくの異質な集団であったという当時の人々の状況を柳は指摘している。

　広岡（2007）の大正期の教育についての整理に基づくと，第一世界大戦前後の大正デモクラシーの思想と運動は，世界的な潮流であった新教育活動と結びつく。デモクラシーの根本思想は自由と平等，個人の価値の尊重であり，日本における大正自由教育運動においても，児童の個性が尊重され，自発的，創造的な活動が重視されたとしている。この背景の中で，「学級」には様々な活動が導入され，学級文化の向上を目指す「学級文化活動」として展開された。「学級文集」「学級新聞」「壁新聞」の編集や「学級図書館」の設置等は，現在の小学校においても定着し，日本での「学級」を特徴づけることになった。

　柳（2005）は「学級」が学習活動以外のこのような多くの活動を包含しなければならなくなった理由について，学校と学校外の地域社会の文化的落差に着目している。西洋文化に満ちている学校と，貧困な中にあってそれらの文化のない生徒の日常生活における文化的落差である。貧しい生徒たちが持てない文化活動を学校で提供することは生徒にとって大きな魅力となり，これらの文化活動に取り組むことが，さらには，他の地域から赴任した教師の実践意欲をかきたてたとしている。「『学級活動文化活動』とは，供給先行型組織としての学校が，児童の学校への関心を引き起こすための自己準拠活動」であり，「村落共同体が，生産機能，生活機能，政治機能，祭祀機能を全て包含する重層的存在であると同様，『学級』も様々な活動が重層的に累積した集団となった」としている（柳，2005, pp.149-150）。この期に，学習機能，給食機能，娯楽・遊戯機能，自治機能，作業機能などの様々な活動を含むという，日本独自の特

徴を持つ単一年齢で編制する学級が形成された。また，運動会等の活動では，「学級」が他学級への対抗意識を燃やす「競争する学級」としての側面が現れ，「競争のための競争」となっていく。「学級内での共同性」の強化を目指した諸々の活動の導入も「自己目的化」し，「この競争は，生徒相互の一体性のみならず，教師・生徒の一体性確立にも重要な貢献をし」，生活共同体が一種の感情共同体へ変容したと柳は指摘している（柳，2005，pp.151-152）。

　学習活動の促進の手段として導入された「学級」であったが，その「学級」の存在そのものが自己目的化することは避けられず，「学級王国」がこの環境の中で形成されたと柳は述べている。

3. 現在の日本における同一年齢で編制される学級の特色

　明治から大正において日本の「学級」は，学習集団の機能としての「等級制」から，同一年齢による「学級制」へ移行した。その変遷の中で，生活共同体の面も有するようになり，従来の学習集団の機能との両方を併せ持つという特色が生まれた。昭和に入り，戦時体制下で学級集団は変容するが，戦後の教育改革後も，「日本の学級集団は共同体の面を強くもち，その同じ集団で学習活動を展開していくという構造を維持し」，「アメリカの生徒指導の概念（児童生徒の個人的・社会的発達の援助や教育相談を骨子とし，単に規律指導を意味するものではない）が導入され，学習指導を担当する教師がその役割も担い」この形態が現在の「学級」として続くことになる（河村，2010，p.35）。

　河村（2010）は日本の教師たちが望ましいと考える学級集団の状態をまとめ，調査結果から次の要素の成立を確認している（河村，2010，pp.75-76）。

〈望ましい学級集団の要素〉
Ⅰ　集団内の規律，共有された行動様式
Ⅱ　集団内の子ども同士の良好な人間関係，役割交流だけではなく，感情交流や内面的なかかわりを含んだ親和的な人間関係
Ⅲ　一人一人の子どもが学習や学級活動に意欲的に取り組もうとする意欲と行動する習慣，同時に，子ども同士で学び合う姿勢と行動する習慣
Ⅳ　集団内に，子どもたちのなかから自主的に活動しようとする意欲，行動するシステム

　この要素からも，教師が日本の「学級」の特色である共同体としての面と学習指導を意識し，実践しようとしていることが分かる。
　河村（2010）は日本の学級集団における集団活動は「教師が学級に集まった子どもたちの『認知（思考）─ 行動 ─ 感情』の3点にわたって相互に関連づけながら，一定の方向づけを日々継続的に行うことによって"形成されてきた"面もあるといえるだろう」としている。理想の学級集団の状態は，日本の学級の特色を生かし，高い学力の定着度と集団活動の成果を得ることができ，学級不適応の予防にもつながる。しかし，その前提には学級を構成する子どもたちの「ものの考え方・価値観・行動の仕方につながる生活習慣，似たような感情にいたるような生活体験」の共有がある。つまり，「幼少期の生活環境が大きく異なり，共有できにくい子ども達が集まった学級では，理想の学級集団の状態にするのは困難になってくる」とし，これからの国際化によって，子どもたちを育てる家庭，地域の社会変化によって，従来の日本型の理想の学級集団を形成するための条件が失われると河村は述べている（河村, 2010, pp.100-101）。

4. 今後の日本における「学級」の在り方についての展望

　日本における同一年齢で編制される学級制は，学習活動と生活共同体としての機能を有し，教師は学習指導を行いながら児童・生徒の生活指導も同時に行うという特色を有している。現在および今後の学級制を考える上では，1学級あたりの児童・生徒数のみに着目し，加配教員を増加するという対処ではなく，日本の学級における特色を踏まえて検討する必要があると考える。
　次の4点において，これからの学級制の方向を整理し，展望する。

①「学級」の機能に対する専門性を持った教職員，地域の教育支援者等のチームによる組織的な指導体制
　河村（2010）は，これまで自明とされてきた「(1) 固定化されたメンバーで生活面やさまざまな活動を学級で取り組む日本型の学級集団制度，(2) 学習指導とガイダンス機能を教師が統合して実施していくという指導体制」の問題を整理した上での検討の必要性を指摘している。(1) A：固定した学級集団，B：能力別や援助ニーズに応じた集団，(2) A：教師が学習指導とガイダンスの対応の両方を中心で行う，B：学習指導とガイダンス指導を分業にする（学習指導は教師，ガイダンスは専門家チーム）とし，この(1) A (1) B と (2) A (2) B を組み合わせた4タイプを基本とした場合の形態案を紹介している。現行の日本の形態である (1) A (2) Aの制度は，それぞれの取り組みが相乗的にマイナスになっていると指摘しており，新たな人員の増員を行い，学習もガイダンスも教員と専門家がチームとなって連携してあたるという改善策を提案している。この形態においては，教師たちと専門家チームの密接な連携，相互のメンバーの役割と責任の明確化が前提となる。後述する教員養成や初任教員研修等における具体的な専門性の習得方法の開発も必要である。

②地域性や児童・生徒等の実態を生かした，多様な「学級」「学校」経営と

特色あるカリキュラムの編成

同一年齢で編制される学級の今後の在り方を考える一つの手がかりとして，複式学級を含む極小規模の学級についての事例から考えていく。

複式学級の学級編制基準については，2学年の児童で編制する場合，現在は16人(第一学年児童を含む学級を編制する場合，および飛び複式学級を編制する場合を除く)となっている。複式教育は教職員の実践の積み重ねの中で，その特徴をよさとして捉えた優れた指導方法が開発されている。例えば学習リーダーを中心とした主体的な学習方法や直接指導と間接指導のよさを生かした「見守り型支援」等の指導方法の開発である。しかし，極小規模校では，各学年1名の複式学級や1名の単式学級もあり，児童相互の学び合いの活動も困難な状況もある。

上之園・川口（2023）は，極小規模の単式学級や複式学級における指導法の開発に向けて，在籍児童1名のみの単式学級と隣接する学年の複式学級を合わせた3つの学年の複式学級的設定による，学年別指導の効果を調査した。

研究では，算数科において，小学校第1・2学年の複式学級と3学年の1人単式学級を合同の複式学級的な設定として児童の反応に焦点を当て，教師の指導・支援と児童の反応および他学年の児童との関わりを調査している。その結果，3学年の複式学級的な授業を行うことにより，すべての学年の児童において，既習内容との統合やそれらをもとにした発展的な思考がみられた。また，多様な考え方を知ることや他者の考えをもとに自分の考えを振り返ることを通して，協働的な学習による学びの深まりがみられた。さらに異年齢や学び方の異なる児童の集団の中で，自分自身の成長への気づき，学習の楽しさの実感，学習意欲の高まりがみられたことを調査結果から得ている。

地域によっては少子化や過疎化により，学校の小規模化が加速化し，学校の統廃合が進んでいる。例えば，広範囲の地域の学校の統廃合では，主として校区の範囲の広がりに伴う通学の安全性や負担が問題視されているが，それだけではなく，異なる文化や価値観を有する家庭の児童・生徒が，

同じ学級に在籍することにも着目することが必要である。また，学校の統廃合は，複式学級の解消，つまり，単式の学級集団への移行となり，それが理想の姿のように強調される場合もある。しかし，地域に根差した極小規模校では，異年齢による学級や多様な学習形態，地域・家庭の参画等の試みを行うことが可能である。同一年齢で編制される学級の今後の方向性や新しい学級制度を考える上で推進役を担うと期待される。

　全国一律ではなく，例えば地域性を踏まえた特色あるカリキュラムの実施も検討していくことが必要であろう。

③児童・生徒の視点での「学級」集団や学びの形態の選択や創造

　増田（2022）は，これまでの教師の視点による「授業のユニバーサルデザイン」の限界と，子どもの視点による「学びのユニバーサルデザイン」による多様な子どもたちへの対応の可能性を述べている。

　例えば，上記②の複式的実践は担任教員と研究者が計画したものである。単元終了後に，1人学級の児童は「みんながいると，緊張せずにできる。1人で考える時間があってよかった。」と記述している。1人学級の通常の授業では，担当の教員が指導・支援を1名の児童のみに対して行う。「通常の授業ではいつも教員に注視されて緊張感を持っていること」「言葉かけや支援の多さから，自分1人で考える時間が少ないこと」などは，合同授業後に児童が通常の授業との違いを実感したと考えられる。このことは，教師の視点とともに学習者である児童の視点で，学習集団や生活集団の形態や学び方を捉え直す必要性を示唆している。「学級」における学習・生活集団の形態や学び方を児童が選択し，将来的には児童が教師と協働で開発していくことも必要である。

④大学での教員養成や初任教員の専門性の育成における具体的・客観的な
　理論と方法の明示

　恒吉・藤村（2023）は，国際的に見て，日本が自国の教育の強みと課題を明らかにしてこなかったことから，西欧のモデルが「国際スタンダード」

になることが多いとしている。そのような中でも，レッスン・スタディや Tokkatu のような日本のモデルを取り入れている国は，外国の視点を通して，日本の教育を考察している。「学校での学びの領域の広がり，そして，それを支える教師の協働的な学び（レッスン・スタディ）を教科中心の認知的な子ども像から，教科以外の非認知をも教育の公の役割の中に入れた全人的な枠組みからの子ども像に転換していくにあたって，日本の教育モデルは国際的に独自の役割」を果たす可能性を恒吉は述べている（恒吉・藤村，2023,p.247-248）。しかし，日本には，その非認知的な学びの説明，ステップや日本の外の人が使いやすいツールが少ないことも指摘する。「日本の教育が日本の外に対して説明しようとしたり，暗黙の内に分かるような人々ではない，異なる文化的背景，異なる論理を持つ人々に対して，どのように伝えるかを工夫する必要性にあまり直面してこなかった。文化的多様性に対する経験や意識が浅い事と関係しているのではないか」と述べている（恒吉・藤村，p.263）。

　大学での教員養成や初任教員等の研修においても，学習指導の方法と技術の習得とともに，日本型学級のもう一つの側面である生活指導やガイダンス機能の理論と指導方法についての専門性を身に付けるための具体的な方法を確立することも必要である。

5．おわりに

　本章では，同一年齢で編制される学級について，我が国での成立の過程を通して，日本独自の特徴を整理し，現状と今後を展望した。

　教育の国際化，欧米化の視点からの「個」に着目する教育が進められる中で，恒吉（1992）は日米比較の中で，日本とは文化的伝承の異なる欧米の視点からではなく，日本の独自の視点から，常に日本人や日本の社会を考えていく必要性を指摘している。個人と集団を対立的に捉える欧米的な視点では，日本の集団志向は個の弱さと映るが，日本は個と集団が相互依存主義であり，集団に対して受容的な自我であり，個が集団の中で従属しているわけではないことを

日本独自の視点から恒吉は述べている。

　日本独自の学級制についても，文化の異なる外国の視点からの評価をもとに日本人や日本の教育を評価するのではなく，今一度，これまでの歴史的変遷の中で形成された日本の同一年齢で編制される「学級」の特色を確認した上で，日本の中の視点において，日本の教育の良さと課題を整理する必要がある。その上で，他民族や多様な価値観の中で課題解決を図ってきた諸外国の教育の取り組みの成果から，これからの社会の変化の中で日本の教育において取り入れるものは何かを考えていきたい。今の子どもたちが未来の社会で幸福に生きていくために，子どもたちはすべて多様であることを前提として，一人一人が大切にされる学級・学校の在り方を考えていくことが必要であると考える。

（上之園公子）

参考文献

上之園公子・川口知佐子（2023）「極小規模学級における指導法の研究（2）」『比治山大学・比治山大学短期大学部教職課程研究』9,pp.108-118.

河村茂雄（2010）『日本の学級集団と学級経営』図書文化社.

恒吉僚子（1992）『人間形成の日米比較』中央公論新社.

恒吉僚子・藤村宣之（2023）『国際的に見る教育のイノベーション　日本の学校の未来を俯瞰する』勁草書房.

濱名陽子（1983）「わが国における「学級制」の成立と学級の実態の変化に関する研究」『教育社会学研究』38,pp.146-157.

広岡義之（2007）『教育の制度と歴史』ミネルヴァ書房.

広島大学附属東雲小学校（2010）『複式教育ハンドブック ― 異学年が同時に学び合うよさを生かした学習指導 ― 』東洋館出版社.

増田謙太郎（2022）『学びのユニバーサルデザインUDLと個別最適な学び』明治図書出版.

柳治男（2005）『〈学級〉の歴史学　自明視された空間を疑う』講談社.

第11章

「社会に開かれた教育課程」の理想と現実
― 持続可能な社会の実現を目指して ―

1.「社会に開かれた教育課程」が求められる背景

　学習指導要領（平成29年告示）において，「社会に開かれた教育課程」という言葉が記された。なぜ，「社会に開かれた教育課程」が求められるようになったのだろうか。そもそも，教育課程を社会に開くとはどのような意味なのだろうか。答申では，次の3点が具体的に記されている。

> ①社会や世界の状況を幅広く視野に入れ，よりよい学校教育を通じてよりよい社会を創るという目標を持ち，教育課程を介してその目標を社会と共有していくこと。
> ②これからの社会を創り出していく子供たちが，社会や世界に向き合い関わり合い，自らの人生を切り拓いていくために求められる資質・能力とは何かを，教育課程において明確化し育んでいくこと。
> ③教育課程の実施に当たって，地域の人的・物的資源を活用したり，放課後や土曜日等を活用した社会教育との連携を図ったりし，学校教育を学校内に閉じずに，その目指すところを社会と共有・連携しながら実現させること。

　奈須（2017, p.111）は，「③については以前から言われていることで，まだまだ不十分な点もありますが，特に新しいものではないでしょう。対して，①と②に示された考え方は極めて斬新で，重要です」と述べている。「よりよい社会を創る」という目標を学校と社会が共有していくことや，未来社会の形成者である子どもたちに必要な資質・能力を明確化することが求められている。

それでは，学校現場の現状はどうであろうか。筆者は，多くの日本の学校でにおいて，「社会に開かれた教育課程」は十分に実現できていないと考える。主な理由として次の2点がある。
　第1は，一面的なICT活用の広がりである。近年の急速なICTの広がりは子どもたちが実社会へアクセスする機会を少なくしてしまってはいないだろうか。実社会での学びの意義を十分に検討することなく，利便性という観点のみからICT活用が進んでいる現状がある。
　第2は，「同じ内容で」や「同じ方法で」「同じ進度で」を強く意識させられる学校内文化の存在である。これらが過度に意識されることは教師自らが創意工夫を凝らした授業を構想し，展開することを阻む要因となる。「同じこと」を意識することが常態化すると，保護者や地域の人と連携した授業を創造していくことはハードルが高くなっていく。子安（2021）は，国家レベル，地域レベル，学校レベルで教育の画一化が進んでいることに警鐘を鳴らしている。
　本稿の目的は，「社会に開かれた教育課程」の名の下に学校教育の大変革を目指すものではない。今の学校現場の有り様を見つめ，スモールチェンジを少しずつ行いながら学びをよりよいものへと前進させていくことである。

2.「子どもに開かれた教育課程」の実現を目指して

　それでは，どのようにして「社会に開かれた教育課程」を実現することができるだろうか。奈須（2017, p.113）は，次のように述べている。

> 「社会に開かれた教育課程」については，まずもって社会の変化に従属的に追随する教育を生み出すことではないと理解する必要があります。むしろ，教育の原理や目の前の子供の学習・発達の筋道を大いに反映させること，そして，そうやって創られた教育課程が，結果的に「社会や世界の状況を幅広く視野に入れ」たものとなるよう創意工夫していくことが，新学習指導要領の実践化における重要な視座となってくるのです。

　その上で，「『社会に開かれた教育課程』とは，同時に『子供に開かれた教育課程』でもある」と指摘している。「子どもに開かれた教育課程」を実現する

上で，筆者は次の2点が重要であると考える。

第1は，子どもが社会とのつながりを意識しながら学びを深められる場を設定することである。実際に地域社会へ出て，地域社会が抱える問題を捉えたり，ゲストティーチャーを招き，行政や住民らがどのような取り組みを行っているのかを理解したりすることを通して，子どもたちは様々な問題を自分事として捉えていくことができる。

第2は，学びを社会へ発信する場を設定することである。西村（2014, pp.330-331）は，受信型から発信型への授業改革が必要な理由として，①戦後の伝統的な知識・技能の伝達という教育の役割が一定の成果を得て，変化せざるを得ない状況にあること，②「受信型」や「入力型」では，問題の発見，追究力，解決力，話し合い・討論力などの児童生徒を主体とした学力が育ちにくいこと，③多文化が共存する文化交流時代では，多様な価値観を持つ異文化間の人々との人間関係がより重要になること，の3点をあげている。学びを社会に向けて発信する場をつくることで，子どもたちは目的意識をもって学習を広げ，深めることができる。

3.「社会に開かれた教育課程」が目指す社会像

教師や子どもは，どのような社会を目指して学習を進めていけばよいのであろうか。近年，SDGs（Sustainable Development Goals，持続可能な開発目標）という言葉を見聞きすることが多くなった。SDGsは，2030年までに持続可能でよりよい世界を目指す国際目標であり，地球上の「誰一人取り残さない」ことを共通の理念としている。現代社会には，自然災害や，感染症の流行，戦争，環境破壊等，解決が困難な様々な問題が存在する。現代社会は持続することが困難な状況となっている。私たちは，これらの問題にいかに向き合い，どのような社会を創っていくことができるのだろうか。持続可能な社会とはどのような社会なのか，また，持続可能な社会に向けて自分たちは何ができるのかについて小学生なりに深く考えていくことのできる教育課程を構築していく必要がある。岩本（2020, p.7）は，「『総合』は，既存の教科学習で獲得した

知識・技能を，これからの持続可能な社会づくりに活用するための，学校教育の根幹として機能することが期待されているといえる」と述べ，持続可能な社会を目指す上で総合的な学習の時間が重要な役割を果たすことを示している。

4.「社会に開かれた教育課程」における教師の役割

「社会に開かれた教育課程」を実現する上で，教師が果たす役割とはいかなるものなのだろうか。大切になるのが「Teacherとしての教師」と「Facilitatorとしての教師」という2つの役割である。これまで日本の学校教育では，「経験主義vs系統主義」など，教育の在り方をめぐって二項対立的な議論がなされてきた。しかし，様々な問題が存在する現代社会おいては，多様な考え方を取り入れ，子どもたちの力を伸ばしていく必要がある。ある授業では，教師が45分の授業の中で子どもたちに獲得させたい知識や技能を明確に持ち，それらを子どもたちに獲得させることを目的にする。また，ある授業では，子どもたちから出た意見をもとに学習活動を展開し，子ども同士の話し合いや子ども自らが見いだした表現方法や発信方法を尊重する。前者のような授業では，教師には「Teacher」としての役割が求められ，後者のような授業では，教師には「Facilitator」としての役割が求められる。そして，この両方の役割を柔軟に担うことが教師に求められるのである。決められた授業時間の中で，子どもたちが社会とのつながりを意識しながら学びを深め，社会に存在する問題に気付いたり，学びを社会へ発信したりできるよう教師は役割を果たしていく必要がある。

5.「社会に開かれた教育課程」を実現する授業の実際

(1) 第5学年単元「どうする？！減災・防災」の概要

本稿では，総合的な学習の時間の実践を事例として，「社会に開かれた教育課程」を実現する授業の実際について考察する。本実践は，筆者が2023（令和5）年10月から11月にかけて，兵庫県加東市立社小学校で行ったものであ

る。阪神・淡路大震災や東日本大震災などで見られたように，私たちが想定していたものを遥かに上回る自然災害が生じることがある。これらの自然災害は物理的そして心理的に地域社会に大きなダメージを与える。場合によっては回復が困難になることもある。地域社会に生じる自然災害にいかに向き合っていくことができるのかを考えることは，地域社会の持続可能性について考えることにつながる。

(2) 単元の目標

- 学校や加東市，地域，家庭は自然災害に対して様々な備えを行っていることを理解するとともに，小学校5年生の自分たちも自然災害に向き合う主体であることを自覚する。
- 地域社会の減災・防災について学んだことをもとに，ごりょうが丘フェスティバルで保護者や地域の人，在校生へ何をどのように伝えることができるのかを考え，表現する。
- 地域社会の減災・防災について主体的に調べるとともに，グループのメンバーと協力してごりょうが丘フェスティバルの準備を行う。

(3) 単元指導計画

	学習問題	本時の目標	
1	加東市で自然災害の危険があるのはどこだろうか？	加東市の地図を見て，地形や気候をもとに，自然災害の危険性がある場所について考える。	Ⅰ：地域社会における自然災害の危険性を認識する段階
2	加東市では，どのような自然災害の危険があるだろうか？	川やため池，山があり風水害や土砂災害の危険性があることや，山崎断層があり地震により大きな被害が想定されることを理解する。	
3	自分が住んでいる地域は安全だろうか？	ハザードマップを使って，自分が住んでいる地域が安全か危険かを調べるとともに，ハザードマップはある基準で作られたものであり，絶対安全は存在しないことを理解する。	

4	学校では，自然災害に対してどのようなそなえを行っているのだろうか？	防災に関わる学校内の設備を探したり，避難訓練を行ったりする意味を考えることを通して，学校はハード面とソフト面において防災に取り組んでいることを理解する。	Ⅱ：学校，市，地域社会，家庭における自然災害への備えを調べ，備えが十分であるかを考える段階
5	加東市では，自然災害に対してどのようなそなえを行っているのだろうか？	加東市のホームページ等を調べることを通して，加東市では減災・防災に関わる様々な取り組みを行っていることを理解するとともに，疑問に思ったことを交流する。	
6 7	加東市では，自然災害に対してどのようなそなえを行っているのだろうか？	加東市の防災備蓄倉庫を見学し，防災課の方から説明を聞くことを通して，加東市では減災・防災に関わる様々な取り組みを行っていることを理解する。	
8	地域では，自然災害に対してどのようなそなえを行っているのだろうか？	家庭等でのインタビューを交流することを通して，消防団など，地域の人々自らが地域の安全を守る取り組みを行っていることを理解する。	
9	加東市に住む私たちの自然災害へのそなえは十分だろうか？	学校，行政，地域の取り組みを確認した上で，加東市に住む人々の生命を守る上で備えは十分であるのかを考える。	
10	私たちは，自然災害から生命を守るために何ができるだろうか？	自然災害から生命を守るために，小学5年生の自分たちにできることを考える。 →「知ること」「行動すること」「参加すること」「つながること」など	Ⅲ：自然災害から自分自身や周りの人の命を守るために自分にできることについて考える段階
11	震災・学校支援チーム（EARTH）員から，減災・防災についての考え方を教えてもらおう！	震災・学校支援チーム（EARTH）員から話を聞くことを通して，EARTH の取り組みを知るとともに，自然災害から生命を守るために，小学5年生にできることについて考えを深める。	
12	ごりょうが丘フェスティバルでどんなお店にするかを考えよう！	ごりょうが丘フェスティバルで保護者，地域の人，在校生に何をどのように伝えるのかを考えることを通して，伝える相手と伝える方法について学級で共有する。	Ⅳ：保護者や地域の人，在校生に何をどのように伝えるのかを考え，発信する段階
13	役割分担をしよう！	ごりょうが丘フェスティバルに向けて役割分担を行い，準備の計画を立てる。	
14 ～ 23	ごりょうが丘フェスティバルに向けて準備をしよう！	ごりょうが丘フェスティバルに向けて準備を行う。	
24 ～ 26	ごりょうが丘フェスティバルを成功させよう！【当日】	ごりょうが丘フェスティバルで，保護者や地域の方，在校生に減災・防災に関して学んできたことや考えてきたことを発信する。	

27	ごりょうが丘フェスティバルの振り返りをしよう！	ごりょうが丘フェスティバルに向けた準備や当日の役割を振り返ることを通して、自己の変容を見つめるとともに、保護者や地域の方、在校生に何を伝えたり、考えてもらったりすることができたのかについて話し合う。	Ⅴ：単元を振り返る段階

(4)「社会に開かれた教育課程」を実現するための手立て

　本実践では、「社会に開かれた教育課程」を実現するための手立てとして次の6つを位置付けた。

1) 防災備蓄倉庫への見学

　第6・7時に防災備蓄倉庫の見学を行った。防災課の方から防災備蓄倉庫の役割や、防災課として取り組んでいることについて説明をしてもらった。また、事前に送付していた子どもたちの質問に対する回答をしてもらった。実際に地域社会に出て見学をすることを通して、ホームページ上の資料だけでは分からなかったことに気付いたり、行政の立場で減災・防災に関わっている人の働きを知ったりすることができた。下記の作文は、見学後に子どもが書いたものである。見学を通して新たな疑問が生じたり、当たり前に食べ物がある日常生活を見つめ直したりしている様子を読み取ることができる。

食べ物の大切さ

「うわ〜っ！！色んな物がある！！」

　備蓄倉庫に入ったとたん、普段は絶対に見たり入ったりできないものに、私は興奮してきました。思っていた場所とは違ったけれど、とても興味をもちました。

　私が思ったことは、食材が約3万食もあるということです。そんなにたくさんの食材があるなら、当分なくならないなと思いました。ですが、もし災害が起きたとしたら、たくさんの人達がひなんしてくるかもしれないので、本当になくならないのかなと疑問に思いました。でも、もし本当に災害が起きてしまったら、今のように普通に食べ物を食べることは、できなくなるんだなと思うと、食べ物は大事だなと思いました。（※下線は、筆者による。）

2）家庭や地域での取り組みを調査する宿題

　子どもたちが自分事として減災・防災について考えを深めていくためには，教師から一方的に資料を提示するだけでなく，子ども自身が調査したことを持ち寄り，交流することも大切である。週末にタブレット端末を持ち帰り，家族にインタビューした内容をメモしたり，家庭での備えを写真に撮ったりしてGoogleクラスルームに提出するようにした。各々が調査した内容を交流することを通して，子どもたちの見方や考え方が広がった。また，保護者と子どもたちが一緒に地域の減災・防災について考えるきっかけとなった。

3）震災・学校支援チーム（EARTH）員による授業

　兵庫県には阪神・淡路大震災後に発足した震災・学校支援チーム（以下，EARTH）が存在する。第11時に，ゲストティーチャーとしてEARTH員に来てもらい，EARTHの活動や小学5年生でもできることについて話してもらった。減災・防災に関する専門的な知識を得るだけでなく，自分たちにできることは何なのかを考えるきっかけとなった。下記の記述は，授業後の振り返りである。減災・防災への取り組みを自分事として捉え，小学生の自分にできることは何なのかについて考えを深めている様子を読み取ることができる。

> 　今日は，社中学校の先生で，アースにも入っている方に防災についていろいろ聞きました。<u>特に心に残っているのは，小学生でも災害に備えることができるということです。</u>「家具の固定」をしたり，「家族でひなん場所とその経路を知っておく」ということなどです。<u>家に帰ったら，さっきの取り組みを家でしているのか聞いてこようと思います。</u>今回は，とってもいい機会になったと思います。
>
> 　　　　　　　　　　　　　　　　　　　（※下線は，筆者による。）

4）何をどのように伝えるのかを考える場の設定

　本校では，11月に「ごりょうが丘フェスティバル」が開催される。各学年でテーマを決めてお店を出店する。多くが生活科や総合的な学習の時間の学びをもとにお店の内容を決めている。在校生は，前半50分・後半50分でお店番役とお客さん役をチェンジする。保護者や地域の方も参加するため，学んできたことを様々な年齢層に発信する貴重な機会となっている。第12時では，

保護者，地域の人，在校生に何をどのように伝えるのかを考える学習活動を位置付けた。「伝えたいこと・考えてほしいこと」としては，「自分たちにできること」や「あいさつの大切さ」「災害が起きた時の対応方法」などの意見が出た。その後，それらを伝えたり，考えてもらったりする方法について考えた。話し合いの結果，動画コーナー，スライドコーナー，体験コーナー，クイズコーナー，紙芝居コーナーをつくることになった。相手意識をもって伝える内容や方法を考えることは，社会とのつながりを意識して学びを深化させていくことにつながる。下記の記述は，第12時のノート記述である。お客さんに何をどのように伝えるのか，一人一人が目的意識をもつことができた。

> みんなが「行きたい！」と思うような店にして，みんなに防災のことをもっと知ってもらいたいと思った。親は来ると思うので，親にも知ってもらいたい。
>
> ぼくは，自分でできることを伝えて，考えてもらいたいと思いました。なぜかというと，自分でできることさえ分かればひなんなどができるからです。
>
> わたしは，ぜひお客さんに体験をしてほしいと思いました。理由は，こんな感じなんだ！と思ってほしいからです。

5）学びを発信する場としての「ごりょうが丘フェスティバル」

当日は，各コーナー多くのお客さんでにぎわった。子どもたちは，準備してきたことや練習してきたことをもとに，相手に応じて工夫して学びを表現していた。下記の作文は，「ごりょうが丘フェスティバル」後に子どもが書いたものである。在校生や保護者など様々な立場の人に対して学びを伝えようと努力している姿や，楽しく減災・防災について考えほしいという本児の思いが伝わってくる。

> きんちょうしたごりょうが丘フェスティバル
> 　紙しばいに人が来ました。最初は，○○ちゃんの家族が来ました。初めて来てくれた人に紙しばいをしました。めちゃくちゃきん張したし，はずかしかったです。そして，<u>小学生の子が来ました。とってもうれしかったです。大人の人で，「すごい！」と言ってくれた人がいて，とってもうれしかったです</u>。私は，声を大きくして，できるだけ聞こえるようにがんばりました。練習の時は笑っていたけど，本番ではあまり笑わずできたので良かったです。大人の人が多かったです。<u>いろいろな人に防災のことを楽しく教えることができたか分からないけど，防災のことを知らない人に知ってもらえたと思うので良かったです</u>。来年でごりょうが丘フェスティバルは最後なのでがんばって店をして，友達と回っていい思い出を作りたいです。来年は，何をするのか，楽しみです。五年生のごりょうが丘フェスティバルは成功して良かったです。（※下線は，筆者による。）

6）学級通信による教育目標・教育内容の共有

　筆者は学級通信の役割として①子ども同士の意見の交流，②教育活動の目標や内容の保護者との共有，の2点を位置付けている。授業でどのような議論がなされたのか，また，どのような目的をもって教育活動が行われているのかを保護者と共有することは「社会に開かれた教育課程」を実現する上で大きな役割を果たす。本単元においても，学習内容を積極的に発信するように努めた。

(5) 単元を振り返って

　見学やゲストティーチャーによる授業を取り入れたり，発信することを単元の終盤に位置付けたりしていたため，子どもたちは意欲的に学習に取り組んだ。何をどのような方法で伝えるのかを議論した場面では，実に豊かな発想が出た。お店の準備をする中でも友だちや教師に相談し，試行錯誤する姿が見られた。

　一方，防災備蓄倉庫の見学やEARTH員による授業は知識の享受に止まってしまっていた。井上・岩崎（2023）などを参考にして，地域社会の問題解決

に向けた外部連携の在り方について再検討する必要がある。

6.「社会に開かれた教育課程」の実現を目指して

「社会に開かれた教育課程」が主張された背景には，今の教育課程が社会や子どもに十分に開かれていないという現状がある。現代社会は，解決が困難な問題であふれている。それらの問題に向き合っていくのは，今をそして未来を生きる私たちや子どもたちである。子どもたちがどのような内容をどのような方法で学んでいくことが持続可能な社会の形成につながるのか，また，教師はどのような役割を果たしていくことができるのかについて絶えず問い続けることが「社会に開かれた教育課程」を実現する鍵である。

(吉川修史)

参考文献
井上昌善・岩崎圭祐（2023）「地域社会の課題解決の担い手育成を目指す公民教育の授業開発 ― 外部連携の方法に着目して ― 」日本公民教育学会『公民教育研究』30, pp.1-16.
岩本泰（2020）「SDGs・ESDと総合的な学習／探究の時間」小玉敏也・金馬国晴・岩本泰『総合的な学習／探究の時間 ― 持続可能な未来の創造と探究 ― 』学文社, pp.1-16.
子安潤（2021）『画一化する授業からの自律 ― スタンダード化・ICT化を超えて ― 』学文社.
中央教育審議会（2016）「幼稚園, 小学校, 中学校, 高等学校及び特別支援学校の学習指導要領等の改善及び必要な方策等について（答申）」https://www.mext.go.jp/b_menu/shingi/chukyo/chukyo0/toushin/__icsFiles/afieldfile/2017/ 01/10/1380902_0.pdf
奈須正裕（2017）『「資質・能力」と学びのメカニズム』東洋館出版社.
西村公孝（2014）『社会形成力育成カリキュラムの研究 ― 社会科・公民科における小中高一貫の政治学習 ― 』東信堂.
藤岡達也（2011）『持続可能な社会をつくる防災教育』協同出版.

第12章

幼児期の教育と小学校教育との接続

1. はじめに

　本稿でいう「幼児期の教育」とは，広く幼稚園，保育所，認定こども園ほかにおける幼児期の保育・教育を指す。日本の学校教育制度では，子どもたちは満6歳で迎える4月に小学校等へ入学することが基本である。幼児期の教育と小学校教育が接続することは当然のことのように思われる。しかし，いわゆる義務教育は小学校からの開始であるため，就学前については，幼稚園等に通うことなく家庭で過ごしている場合もある。ここでは，様々な場合があることを前提にした上で，幼児期の教育と小学校教育との円滑な接続の観点から，その変遷や考え方，取り組み例や実践上の課題などについて考察する。

2. 幼児期の教育と小学校教育との接続に関する歴史的な変遷

　幼児期の教育と小学校教育の接続は，戦前から実践研究が続いている課題である（一前ほか，2021；小玉，2022）。戦後は，小学校への適応指導を求める風潮が高まる中で，教育問題の背景を子どもの側ではなく，教育課程や学習指導の在り方に見いだし，学校教育の改革を図る動きが起きていた（中野，1992）。1989（平成元）年の学習指導要領改訂で創設された生活科は，幼児期の教育と同様に「小学校低学年教育においても生活に注目し，生活と教育の融合をめざす」ものであった（小林，2016，p.249）。これによって，幼小接続の議論を行うための基盤がつくられた（一前ほか，2021）。

文部科学省（2010）の協力者会議は「幼児期の教育と小学校教育の円滑な接続の在り方について（報告）」で概念の整理を行っている。幼児期の教育と小学校教育には，子どもの発達に応じた「役割と責任」があるとともに，そこでの教育には「連続性・一貫性」が重要という（文部科学省，2010，p.2）。幼小の連続性が求められる中で，相違性をもつ「幼児期と児童期の教育双方が接続を意識する期間」として「接続期」の概念が提起された（文部科学省，2010，p.29）。また，教職員や子どもの人的な「交流」「連携」から，子どもの資質・能力を踏まえ，教育課程の「接続」を図ることの方向性を示唆した。

　2017年告示「幼稚園教育要領」等では，幼児期の教育における方向目標を共有するために「幼児期の終わりまでに育って欲しい姿」を明示した。「小学校学習指導要領」もそれを引き継いだ教育課程の編成を行うことが求められている。幼小接続を基盤に保育および教育の充実が図られているところである。

3. 幼児期の教育と小学校教育との接続の考え方

(1) スタートカリキュラムの考え方

　文部科学省国立教育政策研究所教育課程研究センター（2015）が作成した冊子『スタートカリキュラム　スタートブック』では，スタートカリキュラムを次のように説明している。

> スタートカリキュラムとは…
> 小学校へ入学した子供が，幼稚園・保育所・認定こども園などの遊びや生活を通した学びと育ちを基礎として，主体的に自己を発揮し，新しい学校生活を創り出していくためのカリキュラムです。

　かつての小学校入学直後の「適応指導」は，子どもたちを小学校における学習や生活の型に当てはめていくようなスタイルになることもあった。また，その際，新入生を何も知らず何もできない子どもたちとして扱うこともあった。それは，家庭から直接入学する子どもたちへの配慮でもあった。しかし，実際の子どもたちは，それぞれ様々な経験を有し，いろいろな力をもっている。そ

れは，決して一様ではないものの，すでに多くのことができるのである。先に示した冊子では，子どもたちは，「安心」を基盤として，経験や力を有している自己を発揮することにより成長し，自立していくとしている。新しい環境への移行を子どもたちの主体性によって進めようとしており，以前のスタイルとは大きく異なるものである。

　スタートカリキュラムの考え方は，2017（平成29）年文部科学省告示「幼稚園教育要領」，厚生労働省告示「保育所保育指針」，2018（平成30）年内閣府・文部科学省・厚生労働省告示「幼保連携型認定こども園教育・保育要領」，2017（平成29）年文部科学省告示「小学校学習指導要領」等や，その後の国の事業等においても維持され，具体的に展開されている。

（2）幼児期の教育と小学校教育との接続の現在

　2019（令和元）年の年末に始まり，2020（令和2）年にはパンデミックとなったコロナ禍は，世界の様相を一変させた。保育・教育にも厳しい影響があり，それは形を変えながら現在も続いている。一方，コロナ禍の中で社会のデジタル化は急激に進行し，日本の小・中学校等においては児童・生徒の「一人一台端末」も実現している。コロナ禍とデジタル化によって，幼児期の教育と小学校教育との接続の考え方は，新たな視点の付加という形で，一層重要になっている。具体的には，次のとおりである。

〔すべての接続期に関係すること〕

　「幼児期の教育と小学校教育との接続」というテーマは，本質的には，「移行等による環境の変化に対して，どのように新しい生活を創造していくのか」という問題である。同じようなことは，人生の様々な局面で存在する。安心を基盤とした自己発揮としての挑戦は，小中の接続，学校から社会への接続，社会生活における環境の変化など，人生におけるすべての接続期において同じように重要なのである。

〔日常の営為においても重要であること〕

　コロナ禍において，私たちの生活には，安心や安全が欠かせないことが再確認された。私たちは，不安や誤情報，偽情報によって増幅された危機に振り

回されたり，逆に情報が遮断され有効な行動様式につながらなかったりすることを経験した。信頼性の高い情報に接したり安心を基盤にして自己発揮したりすることは，接続期だけではなく，日常のすべての営為において重要なのである。

〔子どもたちの変容〕

コロナ禍で「マスク生活」，行動の制限，行事の縮小や中止などを経験したことや急激なデジタル化によって，子どもたちの成長に従前とは異なる状況が生まれている。コロナ前の常識や感覚からは想像できないような子どもたちの姿もある。さらには，災害や個人的な環境の変化もあるだろう。学校段階等間での連携・接続がなければ，一人一人の子どもたちの姿，思い・願いは捉えきれない。急激な社会変容の中で急激に変容する子どもたちを捉えていくには，連携・接続が欠かせないのである。

4. 幼小一貫教育としての取り組み ― 広島大学附属三原学校園における接続 ―

幼児教育施設と小学校で，双方の違いを踏まえながら一貫したカリキュラムを作成し，子どもを協働的に育てるための取り組みも行われている。2018（平成30）年度から2023（令和5）年度に広島大学附属三原幼稚園・小学校・中学校（以下，広島大学附属三原学校園）は文部科学省研究開発学校の指定を受け，新領域「光輝（かがやき）」（小学校・中学校）および「光輝視点の保育」を開発した[1]。「幼小接続期」（年少・年中・年長・1年・2年），「転換期」（3年・4年），「小中接続期」（5年・6年・7年），「義務教育完成期」（8年・9年）の時期区分を設定し，12年間の一貫教育を行っていた（広島大学附属三原学校園，2023a）。本稿では，「幼小接続期」を事例に取り上げる。

（1）カリキュラムの方向性を共有する

幼小接続期の部会では，幼稚園と小学校の合同カンファレンスを実施し，教員同士の視点（「教師のまなざしや接し方，考え方（スタンス）」）を共有している（広島大学附属三原学校園，2023a，p.43）。子どもを捉えるためにエピ

ソード記録の作成を行うとともに，以下の方針を共有している（p.49。）

> 身の回りの環境の不思議さを豊かに感じ取ったり，感動体験を積み重ねたり，心動かされる活動を通して，子どもたちが感性を発揮し，経験したことや学習したことをつなげて，意欲的に問題解決に向かう場面を設定する。

そして，「幼児期の終わりまでに育ってほしい姿」を手がかりに，幼小接続期で大切にしたい子どもの姿を教師たちで協議し，合意を図りながら「三原版幼小接続カリキュラム」を開発した（p.27）。カリキュラムの考え方は，以下のように説明されている（p.31）。

> 子どもたちが幼稚園までに身に着けて（原文ママ）きたことが，入学とともにできなくなったり生かせなくなったりすることを意識しておく。大切なのは，すべてを教えたり援助したりするのではなく，子どもたちの不安に寄り添い，一緒に解決していけるようにすることである。したがって，あらかじめカリキュラムは作成しておくものの，子どもたちの思いや願いによってカリキュラムを修正していくことが大切である。

また，子どもの姿を捉えるためにキーワードを設定しており，それらは「心動かす」「意欲（自分から）（自分のこととして）」「諦めずにやってみる」「達成感」「思いを伝え合う」「協力する楽しさ」「異なる考え方があることに気付く」「よりよい解決へ」「多様な体験をする」「経験を生かす」である（p.31）。

幼児期の教育は子どもの生活や遊びを中心に展開していくことで，子どもの思いや資質・能力を高め，それを小学校以降へ伸ばす。小学校教育では新たな環境での子どもの不安や期待に向き合い，学校生活や各教科等の学びの中で子どもが実感をもちながら自己を発揮し，日々の暮らしへ楽しさや充足感をもっていくことを支える。

（2）教師の役割と専門性開発

広島大学附属三原学校園の幼小接続では，幼稚園および小学校低学年の交流活動も行っているが，子どもの思いや願いに即しながら，幼小それぞれの充

実を図りながら進めている。2つの事例に注目する。

　5歳児保育「インコのピピコちゃん～生き物の命と向き合う～」は，6月上旬に展開された（広島大学附属三原学校園，2023b，pp.80-81）。子どもたちが飼育してきたインコの元気がなくなったという出来事から協働を育むことにつながっている。子どもが「インコの死を通して，インコに心を寄せながら命と向き合ったり，友達と思いを伝え合いながらお墓やプレゼントを作ったり」していく姿がみられる（p.80）。教師は，子どもに「動かなくなったピピコちゃんを見せ，最近体調が悪かったことや今朝突然倒れて動かなくなったことを伝え」，インコの死に向き合うきっかけをつくり出している（p.80）。子どもが，お墓の看板を木で作りたいという思いをもったところで，子どもと教師が約束をして，道具や木材等の用意を行い，活動を仕掛けている。子どものストーリーに即しながら，タイミングを見極めて，保育を作り出している。

　1年生の単元「ペアさんとなかよくなろう」は，5月から7月にかけて展開された（広島大学附属三原学校園，2023b，pp.23-28）。子どもがペア学年の5年生との交流に関心を向けていく時期を生かしている。子どもが「ペアさんってどんな人かな。知りたいな」「ペアさんとどうしたらもっと遊べる（仲を深められる）か」「交流会を通して，ペアさんと仲良くなれたか」「前回の課題を生かして，交流会を考え交流する（したい）」と思いや願いをもち，膨らめていくことを想定している（p.23）。子どものストーリーに即しながら，教科等の学習も絡めている。子どもが自己決定できる場面を重視したり，子どもが安心できる人間関係を広げたりすることが想定されている。

　広島大学附属三原学校園の幼小接続期は，子どもの資質・能力，言い換えれば子どもの生活上のストーリー（思いや願いとその流れ）を生かして，カリキュラム開発に取り組んでいる。このことは，教師たちの教育観の変容にもつながり，子どもの思いや願いに注目しながら保育や教育を行うようになっている（広島大学附属三原学校園，2023a，p.9）。カリキュラム開発を中心にした実践研究を行うことは，相互理解を促すとともに，幼小の違いも際立たせ，それぞれの教育の質を高めることに寄与しうる。

5. 地域における幼保小連携・接続教育の取り組み

現在，小学校区もしくは中学校区を単位とした連携・接続と，文部科学省などによる国の取り組み，都道府県・市町村という地方自治体単位での行政的な取り組みが展開している。前者は，子どもの姿を相互に参観したり，カリキュラムを一緒に作成したり，交流活動を実施したりする実質的な連携・接続である。一方，後者は，国レベル，地方レベルにおいて，各地域や校園の連携・接続の推進を，組織づくり，体制づくりや研修機会の提供，情報収集や情報発信などによって支援していくものである。ここでは主に前者の連携・接続の状況について例示し考察する。

(1) 交流活動は出会いと成長の場

交流活動は，幼稚園・保育所・認定こども園等の園児と小学校児童が一緒に遊んだり学校案内をしたりする異年齢活動である。例えば，広島県安芸太田町立筒賀保育所と同筒賀小学校では，2023年度の交流活動が次のように展開した（一部）。

- □ 全園児が園内で「お化け屋敷」や屋台・ゲームごっこをして遊ぶ。
- □ 夏の行事「夏まつり」で5歳児とその保護者が「お化け屋敷」や屋台・ゲームを楽しむ。
- □ 5歳児が話し合い，楽しいので小学生を招待しようということになる。
- □ 5歳・3歳児（2023年度4歳児の在籍は無し）と全校児童，そしてそれらを取り巻くすべての職員が，保育所の「お化け屋敷」や屋台・ゲームを一緒に楽しむ。
- □ 児童（1年生・2年生）が，園児にお礼をしようと話し合う。
- □ 小学校版「お化け屋敷」やゲームを準備し，園児を招待することになる。
- □ 児童が園児を招待して，一緒に「お化け屋敷」やほかのゲームを楽しむ。

本事例では，予定された交流活動を予定通りに展開するのではなく，子どもたちの文脈で主体的な展開となっているところに特長がある。この活動が，

園児にとっては身近な憧れやモデルとの出会いとなっており，児童にとっても自分より年少の相手と楽しく関わる貴重な体験となっている。子どもたちの交流活動の支援を通して，連携・接続や関係者同士の関わりが進展していることも重要な点である。

(2) 情報共有と連携の進展を支える「連携だより」

　広島市では，小学校教員を幼稚園に二年間派遣し，幼保小連携・接続を推進するとともにそのリーダーを育成している。広島市立船越幼稚園・同船越小学校の連携では，派遣教員により，図12-1のような連携だよりが年間三十部ほど発行され，関係する組織全体での情報共有と連携の進展を支えている。一年間を通じての発行により，その時々の状況に応じながら日常的な連携を推進する原動力となっている。

(3) カリキュラムの作成とマネジメント

　スタートカリキュラムや，5歳児クラスと第1学年の二年間の架け橋期のカリキュラムなど，期間や名称は様々であるが，円滑な接続がどのように図られるか，様々な行事，領域等，教科等がどのように関連するかなどを記した計画は重要である。作成にあたっては，幼稚園・保育所・認定こども園等と小学校が協働して取り組むことによって子どもたちの安心が得られるものとなる。一年に一度のマネジメントではなく，子どもたちの学びや育ちのストーリーや社会の動きにあわせて常時調整しながら運用することが重要である。

　連携・接続の中では，小学校教員が保育を参観したり体験したりする取り組みもある。また，就学前の施設等の関係者が小学校の授業を参観することもある。そこには，子ども理解，声掛け，表情や動作，環境構成など実践のヒントやアイデアがたくさんあり，双方にとって刺激的で大きな学び合いの場となっている。幼保小連携・接続は，交流活動等とともに日常の保育実践・授業実践などに生きることで子どもの成長を一層強く支えることができる。

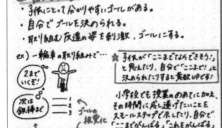
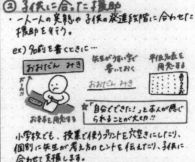

図12-1 連携だより「Link 幼保小連携通信 no.26 令和6年1月12日」（一部）
（作成者：広島市立船越幼稚園・同小学校 派遣教員 大段美貴）

6. おわりに

　子どもたちの成長は連続している。一人一人の子どもは成長にあわせて在籍する施設，組織から移行し新しい環境で成長する。接続期は新たな成長の節目として大切であり，安心して自己発揮できる円滑な接続の実現が必要である。考え方や実践の進展とともに条件整備が進むことが欠かせない。取り組みが継続し，よりよい日常となることが，一人一人の成長につながるであろう。

（渡邉　巧・朝倉　淳）

謝辞

広島県安芸太田町立筒賀保育所・同筒賀小学校，広島市立船越幼稚園・同船越小学校，広島大学附属三原学校園の先生方には資料提供をいただきました。謝意を表します。

注

1) 広島大学附属三原幼稚園・小学校・中学校は，2024（令和6）年度に改組が行われている。本稿では，2023（令和5）年度までの取り組みを参照している。

参考文献

朝倉淳編著（2018）『平成29年改訂 小学校教育課程実践講座生活』ぎょうせい．

一前春子・秋田喜代美・天野美和子（2021）『マルチステークホルダーの視座からみる保幼小連携接続 ─ その効果と研修のあり方 ─ 』風間書房．

厚生労働省（2017）「保育所保育指針」．

小玉亮子（2022）「幼小接続期におけるお茶の水女子大学附属学校園のプロジェクトとその変遷」太田素子・小玉亮子・福元真由美・浅井幸子・大西公恵『幼小接続資料集成』別冊解説，不二出版，pp.3-17.

小林紀子（2016）「保育における形態」日本保育学会編『保育のいとなみ ─ 子ども理解と内容・方法 ─ 』東京大学出版会，pp.235-253.

内閣府・文部科学省・厚生労働省（2018）「幼保連携型認定こども園教育・保育要領」．

中野重人（1992）『新訂 生活科教育の理論と方法』東洋館出版社．

広島大学附属三原幼稚園・小学校・中学校（2023a）「文部科学省研究開発学校指定校 研究開発実施報告書 令和4年度【第4年次】」．

広島大学附属三原幼稚園・小学校・中学校（2023b）「文部科学省研究開発学校指定校 研究開発実施報告書 令和4年度【第4年次】別冊資料」．

文部科学省（2010）「幼児期の教育と小学校教育の円滑な接続の在り方について（報告）」https://www.mext.go.jp/component/b_menu/shingi/toushin/__ic sFiles/afieldfile/2011/11/22/1298955_1_1.pdf

文部科学省（2017）「小学校学習指導要領」．

文部科学省 国立教育政策研究所教育課程研究センター（2015）「スタートカリキュラム スタートブック」．

文部科学省 国立教育政策研究所教育課程研究センター編著（2018）『発達や学びをつなぐスタートカリキュラム ─ スタートカリキュラム導入・実践の手引き ─ 』学事出版．

第Ⅲ部

初等教育の持続可能性
── 未来に向けた批判的提言 ──

第13章

社会における初等教育の位置と関心
— 個の視点と社会の枠組みから捉える初等教育 —

1. 人生の根幹に存在する子ども時代の記憶

「たとえあなたが牢獄に囚われの身となっていようと，壁に遮られて世の物音が何一つあなたの感覚にまで達しないとしても — それでもあなたには，まだあなたの幼年時代というものがあるのではありませんか，あの貴重な，王国にも似た富，あの回想の宝庫が。」この一節はオーストラリアの詩人，リルケの書簡にある一節である。幸せとは言えない幼年時代を過ごしたリルケであるが，その暗さも憧れも含め，幼年時代の生き直しと引き受けを創作活動の根幹に置いている。また，かのドストエフスキーも「幼年時代の思い出から得た神聖な貴重なものなしには，人間は生きてゆくこともできない」と，画家の安野光雅も「故郷とは子ども時代であった」と幼年時代の存在価値について述べる。このように，それぞれにとっての子どもの頃の記憶は，その後の彼らの作家活動を支え，生涯に大きな価値と意味を残した。

かつて存在した赫々たる作家でなくても，こうした子ども時代の，またその時期の多くを占める初等教育での思い出や学びの履歴は，我々の人生の道標となりうるものである。初等教育のもたらす人生への影響は，相当に大きい。

本章ではこのような子ども時代に触れる「初等教育」について，個々人の生涯においてどのような位置にあり意味があるのか，また社会全体における位置や重要性について触れつつ，社会の全体が初等教育に関心をもち，その適切な展開を支えていく必要があることを示していく。

2. 個人の記憶と視点から照射する初等教育の価値と位置づけ

―せんせい，あのね。

上述したセリフから始まり日々の出来事を先生に語り掛けるように綴る，日記の一種に「あのね日記」というものがある。この「あのね日記」を題材にした作品「"Anone" Diary」（図 13-1）は現在，画家・ライターとして活動する前川はるな氏によって手掛けられ

図 13-1 "Anone" Diary

た。本作品は，水とオブラートを使用したインスタレーションであり，オブラートに描き出されているのは，前川氏が小学校低学年当時，担任の教師とやりとりをしていた「あのね日記」である。しかし，その内容はところどころインクが滲み，正確に読み取ることは難しい。当時を記録した子ども時代の記憶が，水の中に溶けだして，漂っているようにも見てとれる。

なぜこのような表現技法を用いて，前川氏は作品を制作したのだろうか。「あのね日記」を題材にした本作品に込められた思いを探ることで，個人にとっての初等教育の記憶を巡る存在意義や価値の一端を明らかにすることができると考えられる。そこで，本作品についての制作意図や作者の思いを，インタビューを通して[1]，探っていく。

(1) 作品 "Anone" Diary（2013）から映し出される小学校時代の遠景
1) 前川はるな氏と作品について

まず前川はるな氏および作品 "Anone" Diary について紹介する。前川氏は2013年に多摩美術大学絵画学科油画専攻を卒業しており，その際の卒業制作として手掛けたものが "Anone" Diary であり，卒業制作優秀作品に選出されている。その後前川氏はライター・画家・ブロガーとして活躍している。

2）作品 "Anone" Diary に込められた思い

次に作品 "Anone" Diary の作成経緯やその土台に存在する小学校時代がもたらした影響について，インタビューした内容について以下に示す。

— なぜ「あのね日記」を題材にした作品を手掛けようと思ったのか

「"Anone" Diary」は医療用のオブラートをつなぎ合わせて原稿を作り，マス目を書いて，あのね日記を写し書いています。大学生活の終わりが見え，モラトリアム期の終わりを感じていた私は，自分の原点を見つめ直したくなったのです。オブラートが水に溶ける段階で図らずできる形や文字の溶ける様子などが美しく，同時に自身で過去を乗り越えていくという決意のシリーズでもありました。

— 「あのね日記」はどのような存在であったか

私は自身の繊細な性格から小学校生活で何度も不登校を経験し，家庭環境も安定はしていませんでした。そんな中，小さい子どもが受け止めきれない毎日が続いた時でも，「あのね日記」は自分の場所でもありました。小学校1・2年生の時の担任の先生がとても良い方だったこともあり，日記を書くのも好きだったことから，「あのね日記」の存在は私のなかで大きかったです。自分の書いたものを読んでくれ，花まるをくれ，コメントをしてくれる人がいることに救われていた時もありました。

— 小学校での日々は現在の自分自身の人生にどのような影響を与えてたのか

小学校での日々は色々なことがありましたが，私にとって大切な思い出です。私はもともと一人で絵を描いたり図書室で本を読み，物語を書いたりするのが好きな子どもでした。一方で，仲間はずれが怖くて，ふざけてみたり，明るく振舞ったりすることも多かったです。子ども時代には，自分らしく居続けることが難しかったので，大人になる過程でもっと自己表現できるような人間になれていたら，と振り返ることもあります。そうした思いを卒業制作「"Anone"Diary」で吹っ切りたかったのだと思います。

— 初等教育とはどのような位置や価値があったか

子ども時代に，学校や家庭でさまざまなことを経験することは，たとえ直接的な記憶に残っていないとしても潜在的な部分で重要な時期であると考えていま

す。基軸となる人格はあると思いますが,何をだれから学んだか,何を見てどう感じたか,そしてそれをどのように人に伝え,何をまた受け取るのかなど,日々の何気ないシーンで人格の周りに何層もの厚みができるのではないかと捉えています。そしてその層は,ある程度年齢を重ねてからでは育ちにくいのではと思います。子どもは無垢であり純粋で,尊い存在です。だからこそ,残酷で脆い面も持っています。そうした時代に,どのような層を築いていくかがその後の人生にとって重要だと考えます。自身を振り返っても,自分と異なる人間たちと日々一緒に時を過ごし,喜びを分かち合ったり,喧嘩をしたり,笑いあったり,苦しんだりした日々があるから許容も広がり,だからこそ乗り越えられることも多くなっていったのではと感じています。

(2) インタビューから捉える個人にとっての初等教育の位置と価値

以上のように作品 "Anone" Diaryの作者,前川氏のこれまでの人生において,初等教育は重要な位置にあったといえるだろう。だからこそ,彼女は「あのね日記シリーズ」の制作を通して,その位置と重要性を再確認し,初等教育の記憶からの解放と脱却を果たして新たな一歩へと踏み出した。

また,「直接的な記憶に残っていないとしても潜在的な部分で重要な時期」であると前川氏が述べるように,我々は意識せずとも,初等教育で学んだことや感じたことは,その後の人生に少なからず影響を及ぼしている。前川氏も述べるように,純真無垢で脆く影響を受けやすい子どもを,初等教育はどのように適切に支えていくべきか,社会全体の重要な課題として受け止めていく必要がある。

3. 初等教育を一人ひとりの視点から捉えるための研究手法

(1) 初等教育分野におけるライフヒストリー研究の現状

このように,初等教育を一人ひとりの視点から丁寧に読み取っていくことで,「初等教育は人生において重要であり様々な価値がある」といった,漠然としてさも当たり前かのようなことを,より細かく鮮やかに描き出すことができる。

このような個の視点に寄り添い，記憶をもとに事象を読み直す質的研究手法の一つに，ライフヒストリー研究がある。ライフヒストリー研究とは，個人や少数集団を分析対象とし，対象者の人生や生活をインタビューや日記，手紙，自伝などから読み取りや語り直しをし，当時の社会・文化的背景を参照しながら再構築していこうとする試みである。このようなライフヒストリー研究は1970年代に社会学の領域で再注目され発展し，心理学・教育学・人類学・歴史学などの様々な学問領域で広く用いられている。山田（2006）が「日本の教育研究においてライフヒストリーがもっとも盛んに用いられている領域は教師研究であろう」（p.129）と述べているように，初等教育の文脈においても，個々の教師の実践授業歴や学校における子どもや同僚との関わり，また地域・社会も含みこんだ生活歴を対象に，個々の「教師の生き方（教職観・子ども観）」がどのように変容したのかを捉える研究が見られる。

例えば木原（2022）では2名の体育教師を対象に，専門的力量形成の過程をライフヒストリー的手法から明らかにしている。その中で木原は，少数の事例を扱う意義について「出来事を追体験して自分自身の中にある様々な出来事を思い出すことができ」（p.11），「授業の力量形成を促した契機と要因に気づいたり，そうした契機や要因を持っていないことに気づいたりするであろう。」（p.11）と述べている。また，ライフヒストリーを受けた側の教師が「過去の自分のライフヒストリーと向き合うことで教師教育者としての現在の自分自身の姿勢を再認識する機会を得た」（p.212）と述べるように，様々な発見がライフヒストリー研究にはあるといえる。

（2）子どもの側から初等教育の記憶と価値をみとるために

一方で山田（2009）は，「子どもとの関わりを中心にした教師のライフヒストリー研究が，これまで十分に行われていないことも確かである。」（p.130）と指摘するように，また教師のライフヒストリーの中には，子どもの頃の学習体験に触れるものもあるが，「子どもの側」から教師や学校文化など初等教育の位置を具に捉えられたライフヒストリー研究は，まだ多くは見られない。

ライフヒストリー研究と同様，個の視点に寄り添い，記憶をもとに事象を

読み直す質的研究手法の一つに，野地（1956）の『国語教育個体史』研究が存在する。個体史研究とは野地によると，「国語教育の実践主体が，自己の国語教育者への成長過程，さらには国語教育者（実践主体）としての実践営為の展開，国語教育者としての生活を，主体的に組織的有機的に記述したものを国語教育個体史と呼ぶ。」（野地，1956，p.21）と定義されている。すなわち，他者を介した自身の記憶の語り直しと再定義を行うライフヒストリー研究に対し，個体史研究は自身の省察と記述に基づき，自分の教師人生を振り返るというものである。その中でも「学習者（児童・生徒・学生）の学習活動の展開を，学習者みずからかあるいは指導者（実践主体）が把握し，記述したもの」（野地，1956，p.54）である「学習個体史」は，子どもの視点により重点をおいたものである。竜田（2014）は「学生時代に刻みこまれた国語学習の記憶が，人生の歩みの中で育てられ，深められ，いま目標や励ましとなって自分を支えている」（p.66）と述べ，学習個体史記述の方法の一つである「国語学習回想」の記録という行為の価値を「国語科授業の記憶を育てる学習材となり，国語科授業の記憶は目標意識を育てる学習材となりうる」（p.68）と位置付ける。また，渡辺（2009）は「学習者の側から，時代の国語教育を考察する契機にもなりうる」（p.51）と学習個体史の史的研究財としての活用意義についても触れている。

　このように学習個体史研究は，子どもの視点から初等教育での学びの意義や価値づけを見通し再検討できるという点や，一人一人の人生の中で初等教育がどのような位置や意味を持っているのかを考える上で重要な研究手法の一つであるといえる。一方で，提唱者である野地が国語教育研究者であったことから，国語教育研究の分野で語られていることがほとんどであり，また十分に議論されていないという点においても，まだまだ多くの可能性を秘めている。初等教育研究分野において教科という枠組みに縛られない学習個体史研究の発展と構築が望まれる。

4. 社会における初等教育の位置と重要性

(1) 社会を構成する民衆の側から捉える初等教育の位置

　ここまで，個々人における初等教育の価値や生涯における位置について，具体的事例から考察するとともに，個の視点から初等教育の様相を汲み取る研究手法とその可能性について述べた。次に，その枠組みを個人から社会に拡げ，初等教育の位置と重要性，その背後に存在する問題について取り上げる。

　初等教育が社会や子どもたちにどのように受容され，次第に浸透し確立されていったのか。大門（2019）による『民衆の教育経験：戦前・戦中の子どもたち』では，学校教育の受容過程について，先に述べた就学率が急上昇した日清日露戦争後から，「少国民」を生み出した戦時体制期までの子どもたちに焦点を当て緻密に描き出し，構造的に解析している。

　「教育経験」という用語について大門は，人びとが教育をどのように受容し，またその後の人生に影響を与えたのかを見取るために用いた言葉であると定義し，「日本近代の歴史のなかで，教育はことのほか大きな比重をしめており，そのなかで初等教育の普及のもつ意味は決して小さくなかった」（p.1）と，初等教育を対象とする意義について語る。さらに学校教育を「家族」・「子ども」・「地域」から捉えることを「教育を制度やイデオロギー，原理からのみ考えるのではなく，人びとの生の営みとのかかわりで考えることであり，民衆の教育経験を歴史的に検討するための大事な視点」（pp.14-15）だとしている。本書では，綴方や日記なども手掛かりの一つとして，時代毎の学校教育の受容様相，また都市や農村，男女の教育落差などについて鮮やかに描き出している。まさに前述した「初等教育を一人ひとりの視点から丁寧に読み取る」ことを歴史的な文脈に落とし込み解釈している点において，初等教育の位置付けを再認識できる貴重な研究であるといえる。

(2) 昨今に共通する初等教育の抱える問題

　前述した大門（2019）は，初等教育が普及する課程において，女子を家族の担い手にしていた都市下層的社会において農村部よりも遅れていたことを明らかにしている。具体的には，1901（明治34）年から1912（明治45）年までの田無尋常高等小学校の不就学者[2]について，12年間の合計546名中79％にあたる430名が女子であり，その理由を「小児・病人・老人の世話や家事のために，また家計を補助するために，尋常科高学年の女子を小学校に通わせなかった家庭が少なくなかった」(p.27)と家庭の経済状況が原因の根底にあったと分析している。

　このような問題は，現代社会においても共通するものがあると考えられる。冒頭の総論において，「初等教育」の範囲は，乳幼児期から児童期までの制度内外の教育機関，また家庭教育や地域における教育的営みであると示されている。ここでは，「就学前の教育・保育」を享受すべきである子どもたちを巡る矛盾，「無園児」を巡る問題について取り上げたい。

　「無園児」とは，保育所・幼稚園・認定こども園といった場に通いたくても通うことのできない，未就園児のことを指す言葉である。2023（令和5）年に公開された「未就園児等の把握，支援のためのアウトリーチの在り方に関する調査研究報告書」によると，2019（令和元）年時点において3歳児以降の未就園児は全体の1.8％，約5.4万人が存在していることが判明している[3]。

　可知（2019）は『保育園に通えない子どもたち：「無園児」という闇』において，2018（平成30）年に発生した目黒女児虐待死事件における5歳の被害児が無園児だったことを取り上げ，3歳児以降の未就園児のいる家庭は社会的・経済的に不利な傾向にあること，また障がいや発達に遅れのある子どものいる家庭，保護者のメンタルヘルス面に課題のある家庭であると明らかにした。「無園児」という用語の生みの親であるNPO法人「フローレンス」代表の駒崎は，同書における可知との対談の中でフランスが2019（令和元）年から義務教育を3歳に引き下げたことにも触れ，「最も弱い立場にいる，最も厳しい環境にいる子どもたちこそ幼児教育の恩恵を受けねばならないわけで，だとするなら義務化するしかないのでは」(p.180)と日本における幼児教育の義務

化について提案している。

　時代的状況や家庭の抱える状況も先に取り上げた都市下層社会の女子を巡る不就学者の問題を巡る状況とは異なっているが，現代の幼児教育の義務化を巡る議論は，近からずも遠からずといった印象を受ける。義務教育であるはずの小学校教育においても，外国人籍の子どもたちの不就学者が8千人以上いることが明らかとなっている。また半数以上の自治体が外国人家庭に子どもの就学を促す働きかけを行っておらず，就学案内を送っていない自治体も2割以上あり，日本語だけの案内を送るケースも多いことが指摘されている[4]。

　社会の中で取り残されがちな，困窮している子どもたちが，適切な支援を受けられないという点は，今も昔も共通しているといえるのではないだろうか。

5. 初等教育の適切な展開を支えるウェルビーイングな社会に向けて

　以上，社会における初等教育の位置と関心について，個の視点と社会という枠組みという観点から考察してきた。個の視点という観点からは，前川氏の"Anone" Diaryの制作背景から，一人ひとりの生涯における初等教育の位置と重要性を明らかにし，また「初等教育を一人ひとりの視点から丁寧に読み取る」研究の有り様と在り方について考察した。そして社会という枠組みからは，当たり前のように普及していると思われがちである初等教育から，社会において取り残されがちな立場の子ども達が取りこぼされてしまっている現状が，今と昔と変わらない課題であることについて述べた。

　先述した可知（2019）は幼児教育・保育の「無償化の目的は，『親の教育費負担減による少子化対策』と『質の高い幼児教育の機会の保障』の二本柱となっています。しかし，前者の少子化対策が強調されるばかりで，幼児教育の質の確保や，機会の保障に関する議論については，心許ない状況です。」（pp.116-117）と課題を提示する。まさに「質の高い」初等教育の機会と保障こそが，初等教育の適切な展開を支える社会にとって必要不可欠なのではないかと考えられる。一人の人生に大きな影響を及ぼす初等教育を質の高いものに高め，そ

の機会を均等に社会に拡げていくという姿勢と意志を，初等教育に関わる保育者・教育者・研究者，一人ひとりが持つということが，子どもと教師のウェルビーイングに向けた第一歩であるといえるだろう。

（黒川麻実）

謝辞

本研究の実施に際し，前川はるな氏に協力をいただいた。

注

1) 実施時期は 2023（令和 5）年 12 月 28 日，書面インタビューを実施した。事前に稿者の本務校にて研究倫理審査を受けた（大阪樟蔭女子大学・申請番号23-30-1）。
2) 大門（2019）によると「不就学とは文字通り就学しないことであり，戦前には本人の病弱と保護者の貧窮による「就学猶予」と本人の病気による「就学免除」の二通りが認められていた」（p.21）とある。
3) この数値中には企業主導型保育事業や認可外保育施設を利用している未就園児も含まれており，詳しい実態は不明とされている。
4) 朝日新聞朝刊「(社説) 外国籍の子ども:不就学ゼロへ検討急げ」（2023 年 05 月 13 日）より

参考文献

大門正克（2019）『増補版 民衆の教育経験:戦前・戦中の子どもたち』岩波書店．
可知悠子（2020）『保育園に通えない子どもたち:「無園児」という闇』筑摩書房．
木原成一郎編（2022）『小学校体育専科教師の授業力量形成に関するライフヒストリー研究：林俊雄と大後戸一樹の授業スタイルの形成と変容』創文企画．
こども家庭庁設立準備室（2023）「未就園児等の把握，支援のためのアウトリーチの在り方に関する調査研究報告書」https://www.cas.go.jp/jp/seisaku/mishuuenji_kentou_iinkai/pdf/zentaiban.pdf
竜田徹（2014）「野地潤家述「国語学習の極印と深化」に関する一考察」『論叢 国語教育学』10, pp.60-70.
野地潤家（1956）『国語教育:個体史研究』光風社．
山田浩之（2006）「子ども社会研究におけるライフヒストリーの可能性」『子ども社会研究』12, pp.124-141.
渡辺春美（2019）「国語学習個体史の研究:2 学年時の学習者Mの「書くこと」を中心に」『京都ノートルダム女子大学研究紀要』49, pp.45-57.

第14章

初等教育におけるインクルーシブ教育の課題と展望

1. はじめに

　2022（令和4）年9月，国際連合（以後，国連）の「障害者の権利に関する委員会」（以後，権利委員会）は，日本のインクルーシブ教育は分離教育であるとし，改善に向けた勧告を行った（国際連合，2022）。これに対し，当時の文部科学大臣は，現状の変更は考えていないという主旨の回答をした。当時，このニュースはメディアで取り上げられたが，その後議論が大きく進展することはなかった。では，国連はなぜ日本のインクルーシブ教育に懸念を示すのだろうか。勧告の背景を知り，課題や今後の在り方を検討することが本章の目的である。そこで，本章ではまず，わが国のインクルーシブ教育の経緯と現状，そして国連の勧告の内容を確認する。その後，教育の分野ではあまり取り上げられない障害学に関する国際動向を概観し，インクルーシブ教育の理論的基盤を確認する。これらを基に，今後の展望と課題を記す。

2. インクルーシブ教育を巡るわが国の動向

（1）立ち消えになったフルインクルージョン
　我が国のインクルーシブ教育の在り方に関する議論として，大きな転換点になり得た機会として，障がい者制度改革推進本部（以後，推進本部）の設置と障がい者制度改革推進会議（以後，推進会議）の発足がある。推進本部は，「障害者の権利に関する条約」（以後，障害者権利条約）の批准に向け，国内の

制度改革の必要性が提唱されたことにより，2007（平成19）年に設置され，2010（平成22）年6月には第一次意見（障がい者制度改革推進会議，2010）が，同年12月には第二次意見が公表された。第一次意見では，具体的な改革の方向性として，「障害の有無にかかわらず，すべての子どもは地域の小・中学校に就学し，かつ通常の学級に在籍することを原則」（p.17）とすることが示された。つまり，フルインクルージョンを原則とする学校教育制度が提言された。

　しかし，障害児教育制度の改革は必ずしも推進会議の提言通りには進まなかった。閣議決定された第一次意見における教育制度の検討は文部科学省に委ねられ，文部科学省は中央教育審議会の下に「特別支援教育の在り方に関する特別委員会」（以後，特特委）を設置し，2年間の審議を経て，2012（平成24）年7月に『共生社会の形成に向けたインクルーシブ教育システム構築のための特別支援教育の推進（報告）』（以後，報告）を公表した（文部科学省，2012）。報告では，我が国のインクルーシブ教育の方向性として，同じ場で共に学ぶことを追求しつつ，その時点で教育的ニーズに最も的確に応える指導を提供できる，「多様な学びの場」を用意しておくこととされた。つまり，報告では，旧来の特別支援学校や特別支援学級が維持された，"特別支援教育の推進を通した"インクルーシブ教育システムの構築という方向性が示された。このことに対し，荒川・越野（2013）は，推進会議第一次意見の趣旨が「見事なまでに骨抜き」（p.65）にされたと評している。この特特委による報告は，我が国の障害児教育の方向性を定める上での一つの分岐点となった。第一次意見が反映された制度設計がなされていれば，日本のインクルーシブ教育の姿は変わっていたかもしれない。

　その後，特別支援教育は，包摂という理念を掲げながらも，現実としては多様な学びの場として従来の分離された場での教育を継続し，個別の実態に応じたきめ細やかな教育として，広く当事者や保護者から受け入れられることとなった。その論拠として，2012（平成24）年から2022（令和4）年の約10年間で，小中学校の通級による指導を受ける児童生徒数は約2.3倍（7.2万人→16.3万人），特別支援学級在籍者数は約2.1倍（16.4万人→35.3万人），特

別支援学校在籍者数は 1.2 倍（6.6 万人→8.2 万人）となり，通級，特別支援学級の児童生徒数が急増した（文部科学省，2023）。このことは，特別支援教育への一定の評価とも受け取れる。

（2）当事者として推進会議の議論をどのように受け止めたか

　実は，上述のフルインクルージョンを巡る一連の議論が起こった時期，筆者は二つの立場で当事者であった。一つは特別支援学校の教員として，もう一つは障害のある子どもをもつ保護者としての立場である。

　私の息子には障害があり，この議論が起こった 2010（平成 22）～ 2012（平成 24）年は，ちょうど小学校入学前の療育センターに通園していた時期であった。そのため，フルインクルージョンを原則とする推進会議の議論に戦々恐々としていた。というのも，私の息子は重複障害で，聴覚障害と自閉の影響があり，対話も手話もできない。また，多動であり，例えば道路の向こう側に気になるものがあれば，片側 3 車線の幹線道路であっても，そのまま道路を横断しようとした。そのような重い障害の子どもと保護者にとって，フルインクルージョンの学校に子どもが通学することは到底想像できず，登校初日でおそらく行方不明になるだろうと妻と話をしたことを覚えている。推進会議の第一次意見に対し，特別支援学校校長会や，重い障害の子どもが在籍する肢体不自由特別支援学校の保護者から反対の表明があったことは（内閣府，2010），子どもの実態に適した教育を受ける権利が脅かされているという受けとめがあったのではないかと推察する。

　他方，特別支援学校に勤務する教員の立場からは，先人が蓄積してきた障害種や障害特性に応じた指導の専門性が失われてしまうことが危惧された。また，自分達が一生懸命取り組んでいる，児童生徒の実態に応じたきめ細やかな指導が何か否定されているような気もした。そのため，特特委から示された「多様な学びの場」の保障は至極妥当に思え，当時はその方向性を支持していた。

3. 国連からの勧告

(1) 勧告の内容

　我が国のインクルーシブ教育システムは，包摂を目指したが，結果として分離を促進するという矛盾を抱えながらも，先述の通り国民の支持を得られ，教員養成課程での特別支援教育科目の必修化や特別支援学校教員の特別支援教育関係免許所有率の堅調な増加など，順調に進められているようにみえた。しかし，先述の通り国連から障害者権利条約に対する懸念および勧告が通知された。

　そもそも，障害者権利条約とは，国連が2006（平成18）年に採択し，2008（平成20）年に発効した国際的な人権条約である。この条約は障害者の権利を保護し，促進することを目的とし，差別の撤廃と，障害者の社会的，経済的，文化的権利の尊重と促進が目指されている。我が国は，2007（平成19）年9月28日に署名し，2014（平成26）年1月20日に批准書を寄託し，同年2月19日に効力が発生している（外務省，2023）。教育に関する内容は条約の第24条に記載され，インクルーシブ教育や合理的配慮といった重要な概念が記されている。

　わが国における条約の執行状況について，国連の権利委員会による初めての対面審査が2022（令和4）年8月22日から2日間スイスのジュネーブで行われ，同年9月9日に総括所見が公表された。民間企業への合理的配慮の義務付けなど，評価された点があった一方，数多くの改善が求められた。中でも，権利委員会は教育の在り方を問題視した。『日本の第1回政府報告に関する総括所見』（以後，勧告）では，第24条「教育」に対し，「51. 委員会は，以下を懸念する」として，次の(a)〜(f)までの6つの懸念事項が示された（国際連合，2022）。要約すると，(a) 医療に基づく評価を基盤とした障害のある児童生徒への分離された特別教育が永続していること。また，通常の学校に特別支援学級があること。(b) 準備不足を理由に，障害のある児童生徒が通常の学校への入学を拒否されること。(c) 障害のある児童生徒に対する合理的配慮

の提供が不十分であること。(d) 通常教育の教員のインクルーシブ教育に関する技術の欠如及び否定的な態度。(e) 聾（ろう）児童生徒に対する手話教育を含め，通常の学校における，代替的及び補助的な意思疎通の様式及び手段が欠如していること。(f) 高等教育における国の包括的政策が欠如していること。

文書では，「懸念」に続けて各項目に対する「勧告」が記されている。特に，初等教育に関係する (a) への勧告は，次のように記されている (p.14)。

(a) 教育に関する国家政策，法律，行政の取り決めの中で，分離された特別な教育をやめることを目的として，すべての障害のある児童生徒がインクルーシブ教育を受ける権利を認め，あらゆる教育レベルで合理的配慮と必要な個別の支援が受けられるよう，具体的な目標，期間，十分な予算を盛り込んだ，質の高いインクルーシブ教育に関する国家行動計画を採択すること。

この勧告に対して，永岡桂子文部科学大臣（当時）は，2022（令和4）年9月13日の閣議後会見で，「多様な学びの場において行われている特別支援教育を中止することは考えていない」（文部科学省，2022）と回答している。

（2）何が問題なのか

権利委員会による勧告を読むと，一見なぜこのような指摘がなされるのか理解し難いかもしれない。現状では良好に機能しており，特別支援学級・学校在籍者の満足度も低いわけではなく，多くの国民に支持されている我が国のインクルーシブ教育システムの何が問題なのかと。

この勧告の背景にある問題意識を理解するためには，インクルーシブ教育の理念や哲学的背景に関する国際動向を確認する必要がある。

4. インクルージョンの基盤となる「障害学」パラダイム

（1）障害学とは何か

インクルージョンの考え方に大きな影響を与えた動向として，障害学の興隆がある。障害学は，1960年代から1970年代に米国で始まり，障害者の市民権，平等なアクセス，インクルージョンの探求から発展した学問，思想，知

表14-1　特別支援教育と障害学の比較

	特別支援教育（リハビリテーション学）	障害学
障害とは	個人の能力障害（impairment）	社会が生み出す障壁（disability）
目的	個人の発達	ある特定の人を"できなくさせる"ことの社会的要因の解明と社会参画の促進
アプローチ	個別の児童生徒のニーズに応じた教育プランの策定。	障害の理解や差別・排除の撤廃など、社会全体の変革
実践・研究	主に非障害者	主に障害当事者

※オリバー（2006），Goodley（2016）を参考に筆者作成

の運動である（Adams et al., 2015）。その特徴は2点あり，1点目は，主に障害当事者が中心となって推進される運動・実践・研究であること，2点目は，「個人の損傷（impairment）」に着目するのではなく，「社会の中にある障壁（disability）」に着目する点である。特に後者は，障害の社会モデルと呼ばれ，障害学が提唱した革新的なアイデアとされる。社会モデルでは，障害は個人の問題ではなく，社会が生み出していることが提唱された（オリバー，2006）。

　特別支援教育と障害学は，同じく障害を対象にしているが似て非なる理論的立場をとる。二項対立的にはなってしまうが，特別支援教育（広くはリハビリテーション学）と障害学の違いは表14-1の通りである。

　前者の特別支援教育では，障害は一般的に個人の能力障害と見なされる。目指されるのは個人の発達であり，アプローチとしては，個別の指導計画に基づく教育プログラムや教材の開発，また，養成機関における専門的な教育者の育成など，個別の児童生徒のニーズに応じた適切な支援，指導方法の提供が行われる。そして，実践や研究をするのは主に非障害者が中心となる。これに対して障害学の場合，障害は主に「社会が生み出す障壁」とみなされる。目指されるのは，ある特定の人を"できなくさせること"の社会的な要因の解明と，それら特定の人たちの社会参画の促進である。アプローチとしては，障害を主に社会的，文化的，経済的な障壁に起因するものと考え，障害の理解や差別・排除の撤廃など，社会全体の変革が目指される。また，実践や研究をするのは主に障害当事者である。このように，特別支援教育と障害学ではそれぞれ異な

る認識論や方法論が用いられている。

　もちろん，双方の目的は異なり，障害のすべてが社会的あるいは環境的な障壁に起因する訳ではないため，両者を比較すべきではないのかもしれない。しかし，どちらか一方のみの認識では不十分であり，特に国連の勧告を理解するためには障害学が提唱する「社会モデル」の理論的立場を理解する必要がある。

(2) 障害学とフーコーの隔離施設批判

　障害学の理論的展開を遡ると，ミシェル・フーコーの隔離施設批判からの影響がみられる。フーコーは，『精神疾患と心理学』において，17世紀半ばに精神療養施設が建設されたことに対し，施設での専門的なケア提供の必要性を顧慮しつつも，施設建設による社会構造の変化，もしくは認識枠組みの変化を批判した。フーコーは，隔離施設の問題を「社会が個人の行為のうち，何を認め，何を認めないかそのこととの関係が問題」(フーコー，2016，p.120) であるとし，さらにこの施設の理想が完全に自己完結的である点を問題視した。そして隔離施設の建設は「現代世界に以前には存在しなかった断絶」であり，その起源と原初的意味における「社会的空間の再構成」であるとした (p.121)。このように一見善処にみえる新たな分類の枠組みは，社会の中に，ある一つの境界線を作り出し，違いを強調させ，それを恒久化させてしまうことをフーコーは批判した。この指摘は権利委員会の勧告とも共通する問題意識といえる。

(3) 美術教育における障害学

　筆者が専門とする美術教育の分野でも，欧米では2010年代以降，障害学のパラダイムを美術教育研究に導入する動向がみられる (池田，2021)。代表的な研究者であるジョン・ダービーの論文「障害学と美術教育」では，「障害とは，自然なものでも決定的なものでもなく，むしろ言語的表象に根ざした言説的な社会構築である」(Derby, 2011, p.97) とし，先行研究における言説的傾向として，「特別なニーズ」という名称とそれに関連する用語の使用が「普通」

と「特別」の二項対立を生み出すことを懸念した。また，ミラ・カリオタヴィンも医療モデルに基づく障害の分類が，カテゴリカルなステレオタイプを無批判に反復させ，社会的な断絶を維持し，強化する構造的な問題を含んでいることを強く批判した（Kallio-Tavin, 2020）。ダービーやカリオタヴィンの指摘もまた，先述の権利委員会の勧告と共通する。

5. インクルージョンが支持される理由

　では，なぜ分離教育が批判され，インクルージョンが求められるのだろうか。その理由として次の2点を挙げることができる。

　1点目は，分離教育が障害児者の社会的役割を固定化し，そのカテゴリーを維持・強化・再生産してしまうこと，また，断片的な名詞（レッテル）が，個人の持つ複数の社会的アイデンティティを覆い隠してしまうためである。例えば後者について，一人の障害者は家族の人気者で，勤勉な学習者で，おしゃべり好きでコミュニケーション能力が高く，素晴らしい作品を制作するアーティストなのかもしれない。メインストリームからの隔離は，これら一人の人間があたり前に持つ複数の特性や属性を知る機会を奪い，障害者という単体のアイデンティティに収斂させてしまう。

　2点目は，学校が子ども達の社会認識を形成するためである。デューイ（1957）は，著書『学校と社会』において，学校とは抽象的で迂遠な関係を持つ学科を学ぶ場所ではなく，「小型の社会，胎芽的な社会」（p.31）であるとした。もちろんこれは，学校が現実社会の縮図であるという意味ではないが，学校は子どもたちの人間形成に直接的，間接的な影響を与え，社会認識の萌芽の場となる。多様な人たちが常に・ともにいる社会なのか，メインストリームと特別な支援を分離した社会なのかによって，子どもたちの社会認識のしかたは変わるだろう。映画『みんなの学校』の，大空小学校元校長の木村泰子氏は講演で，「公立学校とは地域に生きている，地域の宝が学ぶ場所であり，すべての人が当事者となる，自分がつくる自分の学校である」（2023年6月3日，New Education Expo講演会）と話をされていた。この考え方では，誰も取り

こぼさない，皆が参加できる共創的な社会づくりが目指されている。

6. 今後に向けて

(1) 国連の勧告をどのように受け止めるか

　国連の勧告は，尊重することは求められるが拘束力はない。そのため，すべてを受け入れる必要はないのかもしれない。教育はその国の歴史の延長にあり，一律に統制されるべきではないという考え方もある。また，勧告は現在特別支援教育に関わる先生方が丁寧に行われている個別の指導や支援の質を問うものというより，社会の在りようが問われていると受け止めた方がよい。今回の勧告は，単にフルインクルージョンか，分離かといった単純な話ではなく，次の二つの重要な問いかけを含んでいる。一つは，私たちが生活する社会がどのような社会でありたいのかという問いかけである。インクルーシブ教育は，通常学校の改革であるといわれる（荒川・越野，2013）。多様な学びの場に象徴される特別支援学校や学級，フリースクールといった異なるコミュニティが同時に複数存在する社会か，様々な人が混在し，ゆるやかに関係を保ちながら共に成り立つ社会か，もしくはそれ以外か。すべての人のwell-beingが実現し，誰にとっても居心地のよい社会（学校）とはどのような理念に基づき，どのような形をとるのがよいか，判断するのは私たちである。

　勧告の二つ目の問いかけは，"普通とは何か"という問いかけである。フーコーの指摘の要点は，正常と異常とを再定義したことであり，両者の境界線が極めて恣意的で曖昧であり，文化的，政治的に形成されたものであるという点だった。近年，ジェンダーの言説において，男女の二項対立が問い直され，男と女の間には無数の性のありようがあることが認識されてきた（グッドマン，2017）。LGBTQの人達の権利も保障されつつある。この動向には，これまで私たちが無自覚に「正常」や「普通」としてきたことへの批判的な問い直しが含まれている。私たちが何を正常とし，障害と非障害の境界線をどこにひいているのかを改めて問い直し，文化や社会の言説が作り出す差別や偏見を改めて精査し，「普通」の概念を再定義することが，ひいては，学校のあり方にもつ

(2) 展望と課題

　インクルージョンは問題も多い。ともすれば，障害のある子ども（に関わらず様々なマイノリティ）が一般校に入ったとしても，ダンピングと言われる投げ込みになりかねず，短期的には双方にメリットのない体制となることもあり得る。そこでヒントとなるのが，イタリアのインクルーシブ学校における逆統合型の学校である（茂木ら，2024）。逆統合とは，一般校に障害のある子どもを受け入れるのではなく，特別支援学校に一般校の子どもを受け入れる学校である。筆者が視察したミラノのヴィヴァイオ中学校は，盲学校が母体となっており，そこに逆統合される形で創設されたインクルーシブ学校である。もちろん，イタリアには1970年代から始まったフルインクルージョンの歴史や学校教育制度の違いがあり，そのまま導入とはならないことは承知している。しかし，この学校では，特別支援学校が有する専門性が維持され，特別支援学校特有の柔軟な教育課程により，一斉，グループ別，個別といった多様な授業形態が併存し，様々な実態の子どもが参加できる工夫がなされていた。このように，一般校への統合を前提としない柔軟なインクルーシブ学校を検討することもまた，私たちに求められている建設的な課題である。

　　　　　　　　　　　　　　　　　　　　　　　　　　　　（池田吏志）

参考文献

荒川智・越野和之（2013）『インクルーシブ教育の本質を探る』全障研出版部．

池田吏志（2021）「国際学会誌における障害学と美術教育の複合領域に関する研究動向と課題」『美術教育学』42，pp.51-66．

外務省（2023）『障害者の権利に関する条約』https://www.mofa.go.jp/mofaj/gaiko/jinken/index_shogaisha.html

障がい者制度改革推進会議（2010）『障害者制度改革の推進のための基本的な方向（第一次意見）』https://www8.cao.go.jp/shougai/suishin/kaikaku/pdf/iken1-1.pdf

国際連合（2022）「日本の第1回政府報告に関する総括所見」https://www.mhlw.go.jp/content/12601000/001001554.pdf

ジョン・デューイ著，宮原誠一訳（1957）『学校と社会』岩波書店．

ダイアン・J・グッドマン著，出口真紀子監訳，田辺希久子訳（2017）『真のダイバーシティをめざして 特権に無自覚なマジョリティのための社会的公正教育』上智大学出版．

マイケル・オリバー著，三島亜紀子・山岸倫子・山森亮・横須賀俊司訳（2006）『障害の政治 イギリス障害学の原点』明石書店．

ミシェル・フーコー著，神谷美恵子訳（2016）『精神疾患と心理学』みすず書房．

内閣府（2010）『教育関係団体提出意見書等』https://www8.cao.go.jp/shougai/suishin/kaikaku/s_kaigi/k_17/pdf/s2.pdf

茂木一司・池田吏志・大内進・手塚千尋（2024）「イタリアのインクルーシブアート教育の現状調査 ミラノ・ヴィヴァイオ中学校」『日本美術教育研究論集』57，pp.191-198．

文部科学省（2012）「共生社会の形成に向けたインクルーシブ教育システム構築のための特別支援教育の推進（報告）」https://www.mext.go.jp/b_menu/shingi/chukyo3/044/houkoku/132/667.htm

文部科学省（2022）「永岡文部科学大臣会見」（令和4年9月13日）：文部科学省」https://www.youtube.com/watch?v=5z96k1y2JpQ

文部科学省（2023）『特別支援教育資料関連』https://www.mext.go.jp/a_menu/shotou/tokubetu/1343888.htm

Adams, R., Reiss, B., & Serlin, D. (2015). *Keywords for disability studies*. New York University Press.

Derby, J. (2011). Disability studies and art education. *Studies in Art Education*, 52(2), 94-111.

Kallio-Tavin, M. (2020). Disability studies as asite of knowledge in art education. *International Journal of Education Through Art*, 16(1), 3-11.

Goodley, D. (2016). *Disability studies: An interdisciplinary introduction (2nd edition)*. Sage.

第15章

初等教育における包括的な生徒指導と条件整備

1. はじめに

　2021（令和3）年1月の中央教育審議会答申において，すべての子どもたちの可能性を引き出す個別最適な学びと協働的な学びの実現を目指して，学校教育の質と多様性・包摂性を高めた教育の機会均等や，社会構造の変化の中で持続的・魅力的な学校教育の実現などの方向性を柱とする「令和の日本型学校教育」の在り方が提言された。本章では，このような新たな初等教育の実現に向けた条件整備の課題とその解決に向けた方向性について，生徒指導を中心に論じる。生徒指導は，「児童生徒一人一人の個性の発見とよさや可能性の伸長と社会的資質・能力の発達を支えると同時に，自己の幸福追求と社会に受け入れられる自己実現を支えること」（文部科学省，2023, p.13）を目的とした「児童生徒が，社会の中で自分らしく生きることができる存在へと，自発的・主体的に成長や発達する過程を支える教育活動」（文部科学省，2023, p.12）であり，新たな初等教育の実現に向けて中核をなすものと考えられる。本章では，制度的・物的・人的・社会的な側面から，日本の生徒指導における条件整備の課題とその解決に向けた方向性について考察する。

2. 生徒指導における制度的な条件整備をめぐる課題

　子どもの「全人格的」な成長・発達を支える生徒指導を実現するためには，制度的な条件を整えることが重要となる。本節では，生徒指導提要の作成や改訂をめぐる変遷を踏まえ，制度的な側面から条件整備の課題とその解決に向けた方向性について述べる。

　2022（令和 4）年 12 月，文部科学省より「生徒指導提要改訂版」（文部科学省，2023）が発行された。この改訂の背景には，生徒指導上の課題が深刻化する中で，社会全体で子どもの成長・発達を包括的に支援する必要性が高まったことや，2022（令和 4）年 6 月に「こども基本法」が成立し，子どもの権利擁護や子どもが意見を表明する機会の確保等が明確に位置づけられたことがある。

　もともと戦後の教育改革期，1949 年には「文部省設置法」の中で「生徒指導」が規定された。戦後，GHQ の介入により戦後教育の再建が進められた。この間，1947 年には教育基本法，学校教育法が制定された。この時，生徒指導はアメリカのスクールカウンセラーの働きを期待しての「生徒指導」として，正しく子どもを理解する方法や，人格の指導，学級やホームルームにおける指導などを中心に考えられていた（国立教育政策研究所，2009；中村，2018）。日本の復興が進む中で，少年の非行は増加し，「学習指導要領一般編（昭和 26 年改訂版）」で生徒指導（ガイダンス）が学校教育の重要な任務として位置づけられた。文部科学省「生徒指導関係略年表」によれば，社会が高度経済成長期になるにつれ，少年の反社会的行動（薬物使用など）や非社会的行動（自死など）の増加が学校教育の問題となり，1965（昭和 40）年には，「生徒指導資料集第 1 集『生徒指導の手引き』」の作成・配布が行われた（国立教育政策研究所，2009）。以降，校内暴力やいじめ，それに伴う登校拒否の増加などに対応するために，子どもに対する生徒指導の必要性も増し，1989（平成元）年には，小学校学習指導要領にも「生徒指導の充実」が明記されている。それにもかかわらず，1990（平成 2）年から 1998（平成 10）年ごろにかけては，学

校におけるいじめ，少年犯罪，登校拒否がさらに増加している。

　こうした変遷を経ても，小学校から高等学校段階までの生徒指導の理論・考え方，実際の指導方法等については網羅的な理解が十分でなく，生徒指導の組織的・体系的な取り組みが十分に進んでいないという状況があった。そのため，2010（平成22）年には生徒指導の実践を教員間，学校間での共通理解をもとに組織的・体系的に取り組むことができるように，文部科学省が「生徒指導提要」（文部科学省，2010）を発行した。この中では，小学校における生徒指導についても対象として各学校段階の生徒指導の充実を図っており，子どもの問題行動等に対応するだけでなく，予防的・開発的な生徒指導の重要性が示された。その後も校内暴力やいじめ，不登校等については顕著な改善がなく，2013（平成25）年のいじめ防止対策推進法，2016（平成28）年の義務教育の段階のおける普通教育に相当する教育の機会の確保等に関する法律などが成立している。こうした背景から2022（令和4）年に「生徒指導提要改訂版」（文部科学省，2023）が発行され，子どもの発達を支持する生徒指導の重要性が明示され，子どもの支援ニーズにあわせて課題対応的生徒指導と困難課題対応的生徒指導を合わせた包括的な生徒指導を展開することが求められている。

　しかしながら，生徒指導提要が生徒指導のガイドラインとして十分に機能しているかということについては課題が残る。生徒指導提要改訂版で初めて明示された発達支持的生徒指導をベースとした包括的な生徒指導が実際にはどのような生徒指導実践なのかといった，具体的な取り組みについての共通理解が学校現場へ浸透するには至っていない。今後は少ないながらも取り組まれてきた包括的な生徒指導の実践（栗原, 2017）の共有や，現在取り組まれている様々な生徒指導実践が包括的な生徒指導としての整理により，生徒指導提要をガイドラインとして真に機能させることが求められる。

3. 生徒指導における物的な条件整備をめぐる課題

　つづいて，生徒指導を推進するための物的な側面からの条件整備について，人員配置や予算措置の現状および課題を例に述べる。

子どもの問題行動等に対応し，健全な発達を支えるための生徒指導を目指し，1964（昭和39）年には生徒の健全育成や非行防止対策を目的として，生徒指導研究推進校（中学校54校，高等学校8校）を設置し，推進校での生徒指導現場で活躍できる生徒指導担当指導主事の養成や配置が行われた（国立教育政策研究所, 2009）。さらに，1975（昭和50）年には，中学校・高等学校に「生徒指導主事」（小学校では生徒指導主担当者）が省令主任として位置づけられることとなった。しかし，現在では子どもの問題行動・状況の背景がさらに多様化・複雑化していることを受け，2015（平成27）年12月の中央教育審議会答申では，「チームとしての学校」という方針を打ち出し，校内外の様々な人材と連携して生徒指導を推進する必要性を示している。具体例として，現在までに，通級指導・日本語指導等の担当教員の基礎定数化や，35人学級の計画的整備などのための教員配置，小学校高学年の教科担任制の推進などに至っている。さらに，学校外の専門家として，スクールカウンセラー（以下，SC）の活用（1995年度開始）やスクールソーシャルワーカー（以下，SSW）の活用（2008年度全国展開）が始まり，一定の期間が経過しているが，どちらの専門家も都道府県市により，その配置時間数や活用の状況は様々である。文部科学省では2001度からは各都道府県等からの要請に応じて「スクールカウンセラー活用事業補助」を開始し，SCの配置の経費補助を，2009（平成21）年度からは同様にSSWについても補助を開始しているが，SCにしろ，SSWにしろ，勤務形態としては非常勤で，よく配置が進んでいる地域でも，週に1日，4〜8時間の勤務という実態がある（教育相談等に関する調査研究協力者会議, 2007；総務省行政評価局, 2020）。この時間数では校内の教職員と十分な連携のもとで生徒指導が効果的に進められないと思われる。

　また，「平成21年度文部科学白書」（文部科学省, 2010）によれば，日本のみならず世界各国でも，私費負担と公費負担の双方により，教員の人件費や施設設備等，教育に関する経費を負担している。日本はOECD各国と比較しても，私費・公費双方の負担を合計した教育支出の対GDP比がOECD諸国の平均をやや下回っており，一般政府総支出（国及び地方公共団体の公財政支出全体）に占める教育支出の割合についても，OECD諸国と比較するとかなり下

位に位置しており，教育予算に重点が置かれていないという現状がある。これは公財政支出が少ない部分を私費，つまり家計が負担していることを意味している。加えて私費が負担する部分は教材費等が主であり，人事配置などには関与していない。そのため，教育予算が低いままでは，子どもの発達をよりよくサポートするために必要な人員配置（例えば，少人数学級の推進，教職員の増員，専門職の配置時間増加等）が進まず，結果として生徒指導を困難にしている現状があり，公財政支出からの教育支出の割合を増加させる必要がある。

4. 生徒指導における人的な条件整備をめぐる課題

ところで，生徒指導は学校の組織的対応と捉えられる。学校の組織的対応を推進する上で，人的な環境や条件整備，つまり，管理職やミドルリーダー（生徒指導主事（生徒指導主担当者），中堅教員），教員といった教職員の生徒指導に関する専門性の向上とそのための研修体制の充実が不可欠となる。

文部科学省（2011）「生徒指導に関する教員研修の在り方について（報告書）」では，教職員の生徒指導に関する専門性として「子ども理解・指導実践」「分析」「生徒指導観」「連携・組織」「研修」といった基盤能力などをあげている。同報告書では，これらの専門性の向上に向けて，国・教育委員会・学校それぞれが，互いの役割と分担を踏まえて研修体制を構築することを求めている。例えば，国レベルでは，教育政策上真に必要な研修に厳選，特化し，教育委員会が行う研修の指導者や地域の中核リーダーを養成することなどをあげている。教育委員会レベルでは，国の研修を受けた者が指導者になるなどして地域の条件性等に応じた課題を盛り込んだ研修を実施することなどをあげている。学校レベルでは，教育委員会等で研修を受けた教員が，生徒指導の基本的な考え方を含め，学んだ知見を校内の他の教員に還元し，学校全体で共有を図るとともに，各学校が抱える生徒指導上のニーズの分析に基づき，学校の条件性に応じた柔軟な実施方法の工夫をしながら校内研修を実施することなどをあげている。

このような教職員の専門性の向上を目指す上で，あらゆるレベルの研修に

おいて,「学び続ける教員」や「チームとしての学校」として,自己や学校組織の生徒指導実践を批判的に問い直す姿勢を持ち続けることが重要となる(文部科学省,2023)。「生徒指導提要改訂版」(文部科学省,2023)では,今後の研修の方向性として,個人の職能開発と組織学習の2つの視点に立つことの必要性を指摘している。個人の職能開発の視点では,教職員個人の生徒指導に関する専門性についての改善・向上を図ることにより,生徒指導を促進することが期待される。そのためには,教職員一人一人の生徒指導に関する専門性を図るだけでなく,学校の継続的改善に力点を置き,学校が継続的に自らの組織を改善していく「学習する組織」(センゲ,2011)へと変容していくことが求められている(文部科学省,2023)。

　しかしながら,生徒指導提要が改訂されて以降,生徒指導に関する教職員の専門性の向上とそのための研修体制の充実に向けた具体的な方策は示されていない。生徒指導に関する教職員の専門性を明確化するとともに,個人と組織の2つの視点に立脚した国・教育委員会・学校レベルの研修体制の構築が急務である。

5. 生徒指導における社会的な条件整備をめぐる課題

　最後に,生徒指導は,教員・学校組織だけで完結するものではなく,地域社会(家庭や地域および関係機関など)との連携・協働により,子どもの全人的な発達を支える「社会に開かれた生徒指導」(文部科学省,2023)として展開する必要がある。そのためには,生徒指導における社会的な環境や条件整備が不可欠である。ここでは,その具体的な方策である「コミュニティ・スクール」と「地域学校協働活動」を取りあげる。コミュニティ・スクールとは,保護者や地域住民が一定の権限と責任をもって学校運営に参画する仕組みである学校運営協議会(2004(平成16)年の地方教育行政の組織及び運営に関する法律の一部改正(第47条の5)により導入)を設置した学校のことである。例えば,保護者や地域住民との熟慮と協議による「熟議」を通じて,生徒指導の課題や重点目標を共通理解し,学校・家庭・地域が連携・協働することに

よって，具体的な生徒指導実践へとつなげることが期待されている。地域学校協働活動（2017（平成29）年の社会教育法の一部改正（第5条第2項）により規定）とは，地域学校協働本部が推進組織となり，地域全体の参画を得て子どもの学びや発達を支える活動である。例えば，登下校の見守り活動，多様な教育的ニーズのある子どもへの学習支援，職場体験学習の実施など，地域社会全体で行う生徒指導の取り組みがあり，これらを通じて，いじめ・不登校・暴力等，生徒指導の課題が解決したなどの成果が報告されている（三菱UFJリサーチ＆コンサルティング株式会社，2021）。

　一方，課題として，コミュニティ・スクールについては，保護者や地域住民にとって生徒指導が専門的内容からなるもののように映り，意見を述べることが難しく，「熟議」がなされていない点や，地域学校協働活動はまだ始まったばかりであり，生徒指導におけるこれまでの連携活動や学校組織のコーディネートを担えていない点が指摘されている（コミュニティ・スクール研究会・佐藤，2016；柏木，2021）。柏木（2021）も指摘するように，これらの点を改善し，コミュニティ・スクールや地域学校協働活動を通じて，学校と地域の連携・協働を推進し，子どもの全人的な発達に寄与する生徒指導の諸活動の総合化・ネットワーク化の発展に寄与することが求められる。

6．おわりに

　本章では，初等教育における包括的な生徒指導の実現に向けた条件整備の課題とその解決に向けた方向性について述べてきた。
　第一に，生徒指導提要改訂の変遷を踏まえ，制度的な条件整備の課題解決に向けた方向性として生徒指導提要を生徒指導の方向性を示すガイドラインとして真に機能させること，第二に，教員配置や予算措置の現状を踏まえ，物的な条件整備の課題解決に向けた方向性として公財政支出からの教育支出の割合を増加させること，第三に，教職員の生徒指導に関する専門性の向上とそのための研修体制の充実の視点から，人的な条件整備の課題解決に向けた方向性として，個人と組織の2つの視点に立った国・教育委員会・学校レベルの研修

体制を構築すること，第四に，生徒指導における地域社会との連携・協働を視座に，社会的な条件整備の課題解決に向けた方向性として，学校と地域社会の連携・協働を推進し，子どもの全人的な発達に寄与する生徒指導の総合化・ネットワーク化を図ることを指摘した。

　今後，これらの制度的・物的・人的・社会的な側面から条件整備を行い，初等教育における包括的な生徒指導の現時点のある姿から，未来のあるべき姿を目指して，ありうる姿を目指していくことが期待される。

（米沢　崇・山崎　茜）

引用文献

柏木智子（2021）「学校と家庭・地域の連携」諏訪英広・福本昌之『新版　教育制度と教育の経営─学校─家庭─地域をめぐる教育の営み─』あいり出版，pp. 170-183.

教育相談等に関する調査研究協力者会議（2007）「児童生徒の教育相談の充実について─生き生きとした子どもを育てる相談体制づくり─（報告書）」https://www.mext.go.jp/b_menu/shingi/chousa/shotou/066/gaiyou/1369810.htm

栗原慎二編著（2017）『マルチレベルアプローチ　だれもが行きたくなる学校づくり』ほんの森出版．

国立教育政策研究所（2009）「生徒指導資料第1集（改訂版）生徒指導上の諸問題の推移とこれからの生徒指導─データに見る生徒指導の課題と展望─」https://www.nier.go.jp/shido/centerhp/1syu-kaitei/1syu-kaitei090330/1syu-kaitei.zembun.pdf

コミュニティ・スクール研究会・佐藤晴雄編（2016）『平成27年度文部科学省委託調査研究「学校の総合マネジメント力の強化に関する調査研究」総合マネジメント力強化に向けたコミュニティ・スクールの在り方に関する調査研究報告書』日本大学文理学部．

総務省行政評価局（2019）「学校における専門スタッフ等の活用に関する調査結果報告書」https://www.soumu.go.jp/main_content/000687333.pdf

中央教育審議会（2015）「チームとしての学校の在り方と今後の改善方策について（答申）」https://www.mext.go.jp/b_menu/shingi/chukyo/chukyo0/toushin/__icsFiles/afieldfile/2016/02/05/1365657_00.pdf

中央教育審議会（2021）「『令和の日本型学校教育』の構築を目指して～全ての子供たちの可能性を引き出す，個別最適な学びと，協働的な学びの実現～（答申）」https://www.mext.go.jp/content/20210126-mxt_syoto02-000012321_2-4.pdf

中村恵子（2018）「日本の学校カウンセリングの歴史的変遷と課題」田上不二夫監・中村恵子編『学校カウンセリング─問題解決のための校内支援体制とフォーミュレーション─』

ナカニシヤ出版，pp. 19-33.
ピーター・M・センゲ著，枝廣淳子・小田理一郎・中小路佳代子訳（2011）『学習する組織 ― システム思考で未来を想像する ― 』英治出版．
三菱UFJリサーチ＆コンサルティング株式会社（2022）「学校と地域の新たな協働体制の構築のための実証研究実施報告書第Ⅱ部～コミュニティ・スクールの運営・意識・取組等に関する基礎的調査報告書～」https://manabi-mirai.mext.go.jp/upload/houkokusyo2ufj.pdf
文部科学省（2010）『生徒指導提要』教育図書．
文部科学省（2010）『平成21年度文部科学白書』佐伯印刷株式会社．
文部科学省（2011）「生徒指導に関する教員研修の在り方について（報告書）」https://www.mext.go.jp/b_menu/shingi/chousa/shotou/080/houkoku/1310110.htm
文部科学省（2023）『生徒指導提要 ― 令和4年12月 ― 改訂版』東洋館出版社．

第16章

初等教育教員の業務と働き方の問題
── 業務改善,待遇改善,定数改善の必要性 ──

1. はじめに

　2023（2021）年8月29日,働き方改革に関する文部科学大臣メッセージが発表された。これは,「1.国が先頭に立って改革を進めます」「2.学校・教育委員会は,できることは直ちに実行を」「3.保護者・地域住民の皆様へ」という大きく3つの内容で構成されている（永岡,2023）。学校における働き方改革は2019（令和元）年から4年間かけて行われてきた。文部科学大臣メッセージに,「教員勤務実態調査では在校等時間が減少しましたが,依然として長時間勤務の教師が多い実態も明らかになっています」（永岡,2023）とあるように,4年間が経過しているのにもかかわらず,依然として改善されているとは言い難い。そこで,本章では,働き方改革が実現するために,①学校現場の現状の分析,②働き方改革で実施しようとしていることの精査,③真に求められる「働き方改革」の3点から論じていきたい。

2. 学校現場の現状

（1）教員未配置の実態

　小学校教員を取り巻く環境は依然として厳しい状況にある。日本経済新聞（2023年6月21日朝刊,p.38）には,「教員不足『悪化した』4割　文科省調査なお厳しい状況」という記事が掲載された。この記事において,「教員不足は

病休や産休で生じた欠員を埋めるための非正規講師らが見つからないことで生じる」と記載されている。「教員不足」とは「非正規講師」がいない状況を指すのだろうか。永峰（2023）は「教員不足」に陥る現状を「学校の中に，非正規教員が多い実態がある」ことと，「異常な学校の長時間過密労働の実態があり，学校現場が魅力ある職場になっていない」ことの2点だと指摘している。「学校の中に，非正規教員が多い実態」について佐久間ら（2021）は，2021（令和3）年5月1日におけるX県における教員の未配置の状況を表16-1のように明らかにしている。この表から分かるように，X県では5月1日時点で，小学校における第一次未配置（J）が-1185とあるように，教員定数か

表16-1　2021（令和3）年5月1日におけるX県における小学校教員の未配置の状況（佐久間ら（2021,p.560）一部筆者修正）

欠員（雇用調整＋退職等）		第一次未配置（A）	-609
	代替	臨任配置	544
		第二次未配置（B）	-65
		非常勤配置	55
		第三次未配置（C）	-10
産育休		第一次未配置（D）	-553
	代替	臨任配置	407
		任期付配置	123
		第二次未配置（E）	-23
		非常勤配置	20
		第三次未配置（F）	-3
休職		第一次未配置（G）	-23
	代替	臨任配置	15
		第二次未配置（H）	-8
		非常勤配置	5
		第三次未配置（I）	-3
合計		第一次未配置（J）（A＋D＋G）	-1185
		第二次未配置（K）（B＋E＋H）	-96
		第三次未配置（L）（C＋F＋I）	-16
		第二次未配置率 K/J	8.1%
		第三次未配置率 L/J	1.4%

ら1000人以上も正規教員が未配置の状況にある。佐久間ら（2021）は，この状況を「欠員」「産前・産後休業および育児休業（以下，産育休とする）」「病気休暇（以下，病休とする）」の3段階で整理している。なお，「欠員」について佐久間ら（2021）は，「学校に配置されている正規教員が配当定数よりも少ないために生じる未配置のこと」と定義している。

　この教員の未配置の問題を佐久間ら（2021）は四段階で説明している。まず，第一段階はそもそも教員定数を本務者で配置することができない現状にあることから始まる。そして本務者未配置に対応するため，第二段階として，臨

時的任用職員や任期付教員を配置する。それでも定数を確保できないため、第三段階として、非常勤講師を配置する。このようにして、表1によれば、X県において5月1日時点で第三次未配置（L）が-16とあるように、16人の教員未配置の状態が生まれている。この16人の教員未配置については、各学校で対応することが求められる。本来は教科や生徒指導の専科として赴任している教員が担任を臨時的に受け持ったり、教頭や校長まで授業を行ったりして対応する学校も存在している。なぜ、このような教員不足の状況が起こってしまうのだろうか。

①ベテラン層の一斉退職に代わる世代の産休・育休増
②学校現場の多忙化による病休の増
③多様なニーズに伴う特別支援学級設置数の増
④正規教員を雇い控え非正規教員に依存する教委の体質
⑤規制緩和の下、非正規教員の「需要」増
⑥採用試験合格による非正規教員の減
⑦教員を目指す層が民間企業を志向するようになり減

図16-1　教員不足の構造
（氏岡, 2023, p.101）

氏岡（2023）は、教員不足の構造を図16-1のように説明している。氏岡（2023）は、①②③の要因から、非正規教員の需要が増加していることを指摘する。しかし、それだけではなく④〜⑦のような要因を次のように挙げる。

> これから少子化が進むことが予想されるため、正規教員を雇っても将来的に余ってしまうと雇い控えたり、特別支援学級の数が不安定だからと非正規教員に頼ったり、採用試験の倍率が低くなり「質を担保」するために正規教員を採用しなかったりするなどして正規教員を抑制し過ぎ、非正規教員に依存しなければ学校が運営できない形がつくられたことが浮かび上がってきた（氏岡, 2023）

つまり、「欠員」はこれらの点が要因として引き起こされているということである。

さらに、非正規教員に頼ることを可能とした背景として、2000年代からの規制緩和が大きく影響しているという。2001（平成13）年に「公立義務教育諸学校の学級編成及び教職員定数の標準に関する法律」（義務標準法）が見直しされた。これにより、国が負担する教員の人件費が非常勤講師にも使えるようになった。（通称「定数崩し」という）この規制緩和により、自治体の裁量

が増え，本来，正規教員を雇うべきところを，非正規教員を雇うことで対応するような実態が増加した。そのため，X県では小学校教員において，教員定数から1000人以上も正規教員が未配置の状況にあるような状況が生まれてきたということだ。

では，教員定数を正規教員で満たすことができれば，働き方改革につながるのだろうか。

3. 文部科学省の進める働き方改革とは

2019（令和元）年の中央教育審議会答申には，働き方改革について，次のように記載されている。

> '子供のためであればどんな長時間勤務も良しとする'という働き方は，教師という職の崇高な使命感から生まれるものであるが，その中で教師が疲弊していくのであれば，それは'子供のため'にはならないものである。教師のこれまでの働き方を見直し，教師が日々の生活の質や教職人生を豊かにすることで，自らの人間性や創造性を高め，子供たちに対して効果的な教育活動を行うことができるようになるという，今回の働き方改革の目指す理念を関係者全員が共有しながら，それぞれがそれぞれの立場でできる取組を直ちに実行することを強く期待する。（中央教育審議会，2019, p.2）

つまり，働き方改革の理念は「子供たちのため」であることが述べられている。図16-2のように，働き方改革を進めることで，教員の魅力が向上し，優れた人材が確保できるようになることから子どもたちへのより良い教育が実現できるということである。

この働き方改革に示された内容は「長時間勤務の是正」「日々の生活の質や教職人生を豊かに」「学ぶ時間の確保」「教師の健康を守る」「ウェルビーイング」「自らの人間性や創造性を高める」「自らの授業を磨く」の7点が挙げられている。この中でも「長時間勤務の是正」について，未だに「依然として長時間勤務の教師が多い実態も明らか」である状況が改善されていないとなると，文部科学省が勧めようとしている働き方改革そのものを問い直す必要もあるだ

第 16 章　初等教育教員の業務と働き方の問題 ― 業務改善，待遇改善，定数改善の必要性 ―　　175

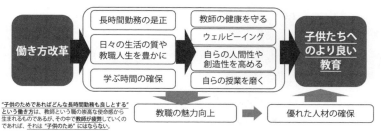

図 16-2　学校における働き方改革の目的
（中央教育審議会，2023，p.5）

ろう。

　中央教育審議会（2019）は，学校が行ってきた主な業務を 14 に分類し，「基本的には学校以外が担うべき業務」「学校の業務だが，必ずしも教師が担う必要のない業務」「教師の業務だが，負担軽減が可能な業務」として整理した。

　「基本的には学校以外が担うべき業務」に関しては，「その業務の内容に応じて，地方公共団体や教育委員会，保護者，地域学校協働活動推進員や地域ボランティア等が担うべき」とされている。しかし，これらの内容を本賃金が発生しない保護者やボランティアに任せようとしたとして，担ってくれる人材が確保できるのだろうか。

　また，「学校の業務だが，必ずしも教師が担う必要のない業務」に関しても，「輪番」「地域ボランティア等」と示され，財源の確保は見込まれていない。つまり，これらの業務は改善の見通しは低く，現状では教師が担っていかなくてはいけない状況に変わりはないだろう。

　本稿において一番検討すべき内容である「教師の業務だが，負担軽減が可能な業務」は，「給食時の対応」「授業の準備」「学習評価や成績処理」「進路指導」「支援が必要な児童生徒・家庭への対応」が挙げられている。この中でも「授業の準備」「学習評価や成績処理」について「補助的業務へのサポートスタッフの参画等」と示されている。ここでいう「補助的業務」とは何を示しているのだろうか。筆者が危惧するのは，学習評価や成績処理がサポートスタッフによって行われてはいないかということである。本来，子どもの学習の成果

である宿題やテストは，子どもの理解度を確認するという役割もある。それをサポートスタッフに業務委託することで，子どもの理解度やつまづきを把握する機会が教師から奪われてしまっているのではないだろうか。特に，初任者教員をはじめとする若手教員ほど，子どもたちの現実の姿を目の当たりにできるチャンスが授業改善には絶対に必要である。本来「子どものため」の「働き方改革」であるはずが，このような改革では本末転倒ではないだろうか。

4. 真に求められる働き方改革とは

(1) 働き方改革が実現する教員定数とは

　広田・橋本（2023）は，「働き方改革を徹底して進めても，教員の長時間労働の問題は解決しない。教員を増やして，一人当たりの持ちコマ数を減らさなければならない」と述べる。その根拠として，文部科学省が公表した2022（令和4）年の教員勤務実態調査のデータを加工した表16-2を示している。

　表16-2の左端の列は，2022（令和4）年の調査で得られた教諭の平日1日あたりの在校等時間（分）の内訳である。小学校教諭の在校等時間は645分となっている。ほとんどの自治体では，条例で公立学校教員の勤務時間は1日7時間45分と定められているため，1週間の勤務時間は465分となる。そのため，現状において1日で180分の超過勤務をしていることになる。

　そこで，広田・橋本（2023）は，「働き方改革」を徹底して進めてみるとどうなるのかをいくつかの場合に分けてシュミレーションしている。まず，「想定1」は，児童の指導に関わりの薄い十数項目を半減させた場合である。つまり先に示した中央教育審議会が整理した業務のうち，「基本的には学校以外が担うべき業務」「学校の業務だが，必ずしも教師が担う必要のない業務」の多くを除外することを想定した働き方改革である。この場合の1日の勤務時間は567分となる。これでも上記の465分とは大きな差が依然としてある。つまり，事務の効率化や会議の精選だけでは働き方改革は実現しないということだ。

　次に「想定2」は「想定1」に加えて，「成績処理」の効率化と「部活動・

表 16-2　小学校教諭の平日 1 日あたりの在校等時間（分）の内訳
(広田・橋本，2023 一部筆者修正)

分類	業務内容	2022年調査	時間削減の想定					
			1	2	3	4-1	4-2	5
児童生徒の指導	朝の業務	41	20.5	20.5	20.5	20.5	20.5	20.5
	授業（主担当）	253	253	253	253	203.5	172	154
	授業（補助）	20	20	20	20	20	20	20
	授業準備	76	76	76	76	76	76	76
	学習指導	21	21	21	21	21	21	21
	成績処理	25	25	12.5	12.5	10.1	8.5	7.6
	生徒指導（集団 1）	56	56	56	28	28	56	56
	生徒指導（集団 2）	2	2	2	1	1	2	2
	生徒指導（個別）	4	4	4	4	4	4	4
	部活動・クラブ活動	3	3	1.5	1.5	1.5	1.5	1.5
	児童会指導	2	2	2	2	2	2	2
	学校行事	15	15	15	7.5	7.5	15	15
	学年・学級経営	19	9.5	9.5	9.5	9.5	9.5	9.5
学校の運営	学校経営	17	8.5	8.5	8.5	8.5	8.5	8.5
	職員会議・学年会などの会議	19	9.5	9.5	9.5	9.5	9.5	9.5
	個別の打ち合わせ	5	2.5	2.5	2.5	2.5	2.5	2.5
	事務（調査への回答）	4	2	2	2	2	2	2
	事務（学納金関連）	1	0.5	0.5	0.5	0.5	0.5	0.5
	事務（その他）	15	7.5	7.5	7.5	7.5	7.5	7.5
	校内研修	9	4.5	4.5	4.5	4.5	4.5	4.5
外部対応	保護者・PTA 対応	6	3	3	3	3	3	3
	地域対応	0	0	0	0	0	0	0
	行政・関係団体対応	1	0.5	0.5	0.5	0.5	0.5	0.5
校外	校務としての研修	8	4	4	4	4	4	4
	会議	3	1.5	1.5	1.5	1.5	1.5	1.5
その他	その他の校務	8	4	4	4	4	4	4
	職専免研修、自己研鑽、休憩等	12	12	12	12	12	12	30
	総計（分）	645	567	553	517	465	468	467

クラブ活動」の地域以降を進めてこれらの時間を半減した場合である。「部活動・クラブ活動」については，小学校教員の在校等時間は1日平均3分ともともと少ない時間である。そのため，この「想定2」では，「教師の業務だが，負担軽減が可能な業務」の「成績処理」を半減させた場合で考えている。この場合の1日の勤務時間は553分となる。これでも2時間以上の超過勤務が必要となる。

さらに「想定3」は「想定1」「想定2」に加えて，集団的な生徒指導および学校行事にかけている時間を半減させた。これも教師の業務だが，負担軽減が可能な業務」に含まれているようである。この場合の1日の勤務時間は517分となる。広田・橋本（2023）は，「どんなに『働き方改革』を徹底して進めていっても，それだけでは教員の慢性的な『残業』はなくならない」と述べ，教員の持ちコマ数の削減，つまり教員の増員の可能性を提案している。

表16-2の「想定4-1」「想定4-2」は，教員の定数増で教員1人当たりの「授業（主担当）」の業務時間を削減することを想定した試算である。「想定4-1」では，事務・会議等だけでなく，集団指導や学校行事のスリム化を行いながら，教員の持ちコマ数を1日1.1コマ減らしている。「想定4-2」では，「想定1」「想定2」に加えて，集団指導や学校行事は現状を維持しつつ，より大胆に教員を増やして持ちコマ数を1日1.8コマ減らしている。この想定で「想定4-1」で465分，「想定4-2」で468分とやっと1日の勤務時間465分に近づけることができる。

つまり，教員の業務はある程度削減できても，現状の教員定数では働き方改革をいくら推進したところで，教員の超過勤務はなくならないということである。そのため，教員定数を増やすことが，働き方改革においては一番の要点になるといえる。

5. おわりに

　中央教育審議会（2019,p.）が述べている働き方改革の目的は，「子供たちへのより良い教育」の実現である。働き方改革やコロナ禍の影響により，現在の学校では学校行事は簡略化の方向へ進んでいるといえる。そして，子どもたちへのより良い教育のためには，教員の研修や自己研鑽は欠かせないにもかかわらず，現在の働き方改革という名のもと，研修が削減され自己研鑽の時間は勤務時間外で各教員の努力に任せられているのではないだろうか。本当に現在推し進めている「働き方改革」は子どもたちのためになっているのだろうか。

　広田・橋本（2023）は，表16-2において「想定5」をあえて提言している。「想定5」では，「想定1」「想定2」に加えて，勤務時間内に「自己研鑽」の時間を30分確保することとしている。広田・橋本（2023）は「『学び続ける教員』であるためには，勤務時間内において教員が学べる時間を確保することが必要である」と述べる。そもそも1966（昭和41）年の勤務実態調査では，服務時間内の「承認研修」と「自己研修」が，小学校では1日あたり46分存在していたという。しかし，2022（令和4）年の調査では表16-2にあるように，「休息等」を含めても1日あたり12分しか存在しない。つまり，「働き方改革」や業務の多忙化によって勤務時間内における「自己研鑽」の時間が奪われているのが今の教員だといえる。図16-2のように「学ぶ時間の確保」「自らの授業を磨く」ことを働き方改革に含めるのであれば，「想定5」のような働き方を目指すべきだという。「想定5」では，「授業（主担当）」を1日2.2コマ減らすことで465分の勤務時間に収めることができる。ここまでの大幅な教員定数の確保をすることで，本来の目的である「子どもたちへのより良い教育」が実現できる「働き方改革」ができるのではないだろうか。

　そのためには，財源の確保が必須となる。自民党の萩生田光一政調会長が『教育新聞』のインタビューで，「教科担任制については加配ではなく，（法改正によって）基礎定数化すべきだ」と明言した（『教育新聞』7月19日）。しかし，教員を増やさないで何とか働き方改革ができないかという意見も根強く

あるだろう。財務省（2023）の財政制度等審議会財政制度分科会は「働き方改革」について，「踏み込んだ業務の適正化」と「頑張っている者が報われる，メリハリの効いた給与体系」の必要性を述べている。しかし，教職員定数については，児童数の減少に比べて「減少していない」としており，教職員定数の改善については積極的に踏み込んではいない。

　以上のように，「教職の魅力向上」「優れた人材の確保」を目指すためには，業務改善，待遇改善，定数改善の3つすべてが実現しない限り難しいだろう。初めに現場の教員にしわ寄せがくるような「働き方改革」ではなく，法律や制度の面で「働き方改革」を実現した上で，現場の教員に「働き方改革」を求めるような取り組みの実現を願うばかりである。

（中西紘士・久保研二）

参考文献

氏岡真弓（2023）『先生が足りない』岩波書店．

教育新聞（2023.7.19速報）「【萩生田氏に聞く（上）】『レギュラーの句要因を増やす』と強調」

財務省（2023）「財政制度等審議会財政制度分科会令和5年4月28日資料1 財政各論②：人口・地域」

佐久間亜紀・島﨑直人（2021）「公立小中学校における教職員未配置の実態とその要因に関する実証的研究 ― X県の事例分析から ―」『教育学研究』88（4），pp.28-42．

中央教育審議会（2019）「新しい時代の教育に向けた持続可能な学校指導・運営体制の構築のための学校における働き方改革に関する総合的な方策について（答申）」

中央教育審議会（2023）初等中等教育分科会教員養成部会（第137回）資料5-3「『緊急提言』を踏まえた文部科学省からの発信について」

永岡桂子（2023）「文部科学大臣メッセージ～子供たちのための学校の働き方改革 できることを直ちに，一緒に～」

永峯博義（2023）「限界間近の現場からの声今すぐ教員を！」山﨑洋介・杉浦孝雄・原北祥悟・教育科学研究会編『教員不足クライシス』旬報社，pp.61-72．

日本経済新聞（2023.6.21朝刊）「教員不足『悪化した』4割　文科省調査なお厳しい状況」

広田照幸・橋本尚美（2023）「働き方改革だけでは問題は解決しない」『季刊教育』218，pp.50-53．

第17章

大学における教員養成の現状と未来
―― 未来の教師を励ます教職課程認定制度の改善を ――

1. 教員の志願者の減少：教員養成はどこへ？

　2023（令和5）年9月20日の朝日新聞1面に「教員の志願者，減少続く　過去最低の地域も『長時間労働を敬遠』」の記事が掲載された。「公立学校教員の2024（令和6）年度採用試験の志願者は全国で計12万7855人で，前年度から6061人（4.5％）減ったことが各地の教育委員会への取材でわかった。（中略）採用試験を行う全国68機関のうち6割近い38機関で，24年度試験の志願者数がこの5年間で最低となった。」という。教職を志す採用試験の受験者減という現状を前に，本章では第1に，未来の教師を生み出す教員養成の置かれている現状の困難を述べ，第2に，教職に就く若者に求められる資質能力の概要を示し，第3に，求められる資質能力を養成するための今後の教員養成の目指すべき方向を述べる。

2. 教員養成の変質

（1）「大学における教員養成」と「開放制」の原則
　寺崎他（1971，p.546）によれば，戦前の師範学校制度と戦後の教員養成制度を分かつ特徴は，「それが，（1）大学において，（2）開放制の原則に基づいて行われるようになった」点にあるとされた。「大学における教員養成」は，教師を目指す学生は大学で学問を通じて真理を探求すべきという主張であり，

「開放制」とは、特定の養成機関ではなく教員免許取得に必要な教職課程を持つすべての大学またはこれに準ずる機関で教員養成を行うということであった。

1）教員養成の変質

山崎準二（2023）は、21世紀以降の教員養成の変質を「大学における養成」原則の形骸化と「免許状主義に基づく開放性」原則の変質の2点に求めている。

①「教師養成塾」の全国への広がり

第1の「大学における養成」原則の形骸化の特徴的な動向として、教員採用側の教員養成事業の拡大をあげている。瀧本・吉岡（2009）によれば、2004（平成16）年の東京都教育委員会が「東京教師養成塾」を開設した後、2009（平成21）年段階で地方自治体による「教師養成塾」が全国各地に広がり18校を数えている。瀧本・吉岡（2009）は、「教師養成塾」の共通点として、教員の大量定年退職期を迎えた大都市を中心とした自治体が、「優れた人材」の囲い込みを意図し、大学での教員養成との整合性を持たずに「実践的指導力」の養成を目標としているという。そして、その問題点を、卒業研究に取り組む時期に塾の活動が重なるため大学の教員養成と軋轢を生むことと、狭い技術的な「実践的指導力」に目標や内容を焦点化していることをあげた。

筆者は2009（平成21）年に「東京教師養成塾」に視察に赴いた経験がある。担当の指導主事は、退職した元校長が20名近くいる職員室を紹介し、「この経験豊富なスタッフが我々の宝であり、学校で実習を行う塾生を指導することで、検定教科書と学習指導要領の内容を教えることのできる授業の指導力を身につけさせることを目指しています」と熱弁をふるわれた。廊下に出ると大きな声で我々にあいさつをする黒のスーツを着た塾生たちに出会った。筆者はその熱心な姿に、大学院生の時代にアルバイトで働いていた進学塾の中高生を思い出した。

②「教職課程コアカリキュラム」の策定

山崎準二（2023）は、第2の「免許状主義に基づく開放性」原則の変質を示す特徴的な動向として、2015（平成27）年の中教審答申「これからの学校教育を担う教員の資質能力の向上」を受けて2018（平成30）年度の教職課程

認定の手引きに示された「教職課程コアカリキュラム」の策定を上げている。2018（平成30）年度に，前年の教育職員免許法改訂に伴い，教職課程を持つ全国の大学への一斉再課程認定が行われた。その際に「教職課程コアカリキュラム」が示した到達目標と各大学の教職科目の諸科目シラバスの授業回ごとの内容との対応を◎および○で示して提出することが求められた。各大学の教職課程のカリキュラムが共通の定型的な枠に従うことを求められたのである。

　すでに2006（平成18）年に出された中教審答申「今後の教員養成・免許制度の在り方について」は，教職課程の質的水準の向上のために「到達目標及び目標到達の確認指標例（教員養成スタンダード）」を提示していた。このような教職課程の定型化への政策動向に対して，日本教育大学協会は2001（平成13）年に「教員養成における『モデル・コア・カリキュラム』研究プロジェクト」を発足させ，同プロジェクトは，2004（平成16）年3月に報告書「教員養成の『モデル・コア・カリキュラム』の検討～『教員養成コア科目群を基軸としたカリキュラムづくり』」を発表した。この提案は，教員養成カリキュラムの目標や内容を示すのではなく，「体験―省察の往還を実現する『教員養成コア科目群』を提案し，これらを協働的に支える教職，教科教育及び教科専門各領域の大学教員相互の連携の必要性を提言」（日本教育大学協会同プロジェクト，2004，p.2）した。この提言を受け，国立教員養成系大学・学部を中心に，大学の教職科目と学外の教育実習や各種の学校体験を連携させ「体験―省察の往還を実現する『教員養成コア科目群』」を位置づけたカリキュラムの改革が提案された。

　こうした教職科目を設置する大学の主体的な教員養成カリキュラムの改革の提案を受け止めることなく，文部科学省は先に述べたように，2018（平成30）年度の教職課程を持つ全国の大学への一斉再課程認定に際して，「教職課程コアカリキュラム」を基準として各大学の教職課程のカリキュラムを統制することになった。

2）小学校教員養成の構造変容

　小学校教員の新規採用数については，1980年代後半から国立教員養成系大学・学部に教員養成を目的としない新課程を設けるとともに，1998（平成

184　第Ⅲ部　初等教育の持続可能性 ― 未来に向けた批判的提言 ―

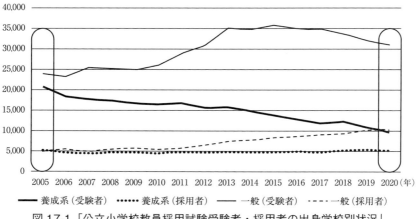

図 17-1 「公立小学校教員採用試験受験者・採用者の出身学校別状況」
（岩田，2022，p.179 より筆者が作成（枠囲み加筆））

10）年から 2000（平成 12）年の 3 年間で国立教員養成系大学・学部の定員を 15,000 人から 10,000 人に削減した結果，すでに 2005（平成 17）年度に，公立小学校新規採用教員 11,518 人のうち教員養成系大学・学部出身者は 5,285 名（45.9％）で，一般大学・学部出身者は 5,124 名（44.5％）とそのシェアは拮抗していた。その後，2005（平成 17）年 1 月の中教審答申「我が国の高等教育の将来像」に基づいて置かれた協力者会議の報告により，2005（平成 17）年度から教員養成分野における抑制策が撤廃され，私学が新規に小学校教員養成に参入して一般大学・学部出身者の公立小学校新規採用教員に占める割合は増加し，2020（令和 2）年度には教員養成系大学・学部出身者の 2 倍になった（図 17-1 の枠囲みを参照。岩田，2022，pp.161-182）。図 17-1 によれば，教員養成系大学・学部出身者は受験者が減少しているにもかかわらず 5000 人の採用を維持しているのに対し，一般大学・学部出身者は 2020 年に約 10000 人採用されている一方で受験者は 2015（平成 27）年度をピークに近年減少しつつあることが分かる。

また，岩田（2022，pp.161-182）は，図 17-2 を提示して，2005（平成 17）年度以降小学校 1 種免許状の課程認定を受けている 4 年制大学の新規参入状況を説明した。そして小学校教諭 1 種の教員免許状の取得数が教員養成系大

第17章　大学における教員養成の現状と未来 ─ 未来の教師を励ます教職課程認定制度の改善を ─　185

タイプ*		大学数	組織数**	組織数の内訳
伝統的 (~2004)	養成系	47	47	国立教員養成系単科大学（11）・国立教員養成系学部（33）・私立（3＝文教・常葉・岐阜聖徳学園）
	一般大学	47	50＋1	国立（7＝お茶の水女子・奈良女子・神戸・鳥取・富山・福島・山形＋1＝北海道教育［函館キャンパス］）・公立（2＝都留文科・愛知県立）・私立（41）
新規参入 (2005~)	養成系	1	1	私立（1＝秀明）
	一般大学	139	141	国立（1＝筑波）・公立（2＝山梨県立・福山市立）・私立（138）
計		234	240	

（注）＊「伝統的」「新規参入」の区分は，当該大学が小学校教諭一種免許状の課程認定を最初に得た年度による。
　　＊＊複数組織で小学校教諭一種免許状に関わる課程認定を受けている大学が6校（カッコ内は課程認定を最初に得た年度）
　北海道教育大学：教員養成課程（1954）／国際地域学科（2006）＝函館キャンパス
　東京福祉大学：社会福祉学部保育児童学科（2005）／教育学部（2007）
　淑徳大学：総合福祉学部（2006）／教育学部（2013）
　国士舘大学：文学部教育学科（1969）／体育学部子どもスポーツ教育学科（2008）
　日本女子大学：文学部教育学科（1954）→ 人間社会学部／家政学部児童学科（1954）
　鎌倉女子大学：家政学部児童学科（1964）→ 児童学部／教育学部（2007）

図17-2　「小学校教諭1種の課程認定を受けている4年制大学（2016（平成28）年度）」

(岩田，2022，p.166より引用)

学・学部出身者は2005（平成17）年度から2018（平成30）年度にかけて約8000人で一定であるのに対し，私立大学は約4000人から約13000人へと増加したことを指摘した。岩田（2022, p.169）は，この現象を日本の「小学校教員養成の構造変容」と呼んだのである。

　さらに，岩田（2022, p.170）は，この「構造変容」を生んだ主な新規参入私立大学の142組織について，その学士課程設置の年度を基準として2005（平成17）年度の抑制策撤廃後の日本の小学校教員養成を提供する機関を「[A]旧制度化の師範学校を主な母体とする国立の教員養成系大学・学部，[B]2004（平成16）年度以前より小学校教員養成を行ってきた公私立一般大学（老舗一般大学），[C]2005（平成17）年度以降に新規に小学校教員養成に係る課程認定を得た新規参入プロバイダ（大半は私立大学）」の3種に分類した。そして，

すでに述べたが2018（平成30）年度に教職課程を持つ全国の大学への一斉再課程認定で「教職課程コアカリキュラム」と各大学の教職科目の対応が求められた。この対応で必要な業績は必ずしもアカデミックな論文でなくともよいとされ、当該分野の研修などの実務の実績が確認できれば担当教員として適格と判定された。その結果、「教職に関する科目」を担当する教員に学術的な業績を持たないいわゆる実務家教員が採用され、[C]の新規参入大学の中に「教育学者なき教育学部」が生まれた。このような状況で小学校教員の新規採用者の質の低下が懸念されている（岩田，2022, pp.176-180）。

3. 教員養成において学生はどこでどのように成長するのか

(1) 学生にとって意味のあった教員養成の授業とは何か

米沢崇（2008）は、我が国における教育実習に関する先行研究をレビューし、教職志望学生が教師としての力量を高めるのに教育実習や様々な教育現場での体験科目が有効であると指摘した。また、現職教員にとっては、職業選択に影響を与え、教職活動の基盤を培う経験として、教育実践の困難に直面した時に勇気づけられる経験として教育実習が重要な役割を果たしてきたと述べている。

同時に、岩田（2022, p.29）が述べるように、教員免許状の供給は年間十数万ないしは20万程度が維持され、いわゆる「ペーパーティーチャー」が大量に生まれている。その結果、1960年代から、教職意識の乏しい実習生が教育現場に負担を与え、指導に当たる教員と実習相手の児童を混乱させることが「教育実習公害」と批判されている。しかしこの点は何も改善されていない。

(2) 教師に求められる専門的力量と教員養成

石井（2013, p.6）は、教師の専門的力量の特性を「無境界性」「複雑性」「不確実性」とした。「無境界性」は、仕事に終わりがないことであり、いくらでもより良いものが作れる半面、オーバーワークになりやすいという。「複雑性」は、教科指導や生徒指導、保護者対応という異なる仕事を並行して行わねばな

らないことであり，多面的に児童・生徒の成長にかかわれる反面，無限の責任を負う危険性を生む。「不確実性」は，何がよい教育かの基準を作りにくいことであり，創造的な教育実践を生む一方，達成感が得られないためにマニュアルに依存する危険がある。これらの特性から教師の専門的力量の提示は困難であった。

ただし，2006（平成18）年7月に出された中央教育審議会答申「今後の教員養成・免許制度の在り方について」を受け，2008（平成20）年度大学入学の学生に教職課程の必修科目として「教職実践演習」がおかれることになった。「教職実践演習」では，各大学・学部が確認すべき教員像や到達目標の事項が例として示された。これを契機として，各大学が目指すべき教師の専門的力量を示すことになった。

例えば，石井（2013, p.7.）によれば，京都大学の教職課程（中高教員免許）では，教師として求められる力量を5つの柱（A．教職に求められる教養，B．生徒理解と人間関係構築力，C．教科内容に関する知識・技能，D．教科等の授業づくりの力量，E．課題探究力）で明確化するとともに，それを「履修カルテ」（自己評価用チェックリスト）に具体化している。また，広島大学では，教員に求められる資質・能力を8つの規準で表した「教員養成広大スタンダード」を幼少，中高，養護教諭のそれぞれに作成した。「教員養成広大スタンダード（幼・小免許用）」は，「規準1：保育内容・教科の指導内容に関して十分な知識や技能を獲得している。規準2：学習や発達に関する理解を統合した指導計画を立案することができる。規準3：遊び・教材や指導法などについて知識を持ち，保育・授業実践ができる。規準4：幼児・児童の発達や学習を評価することができる。（中略）規準8：教育者に求められる資質や能力（使命感，教育的愛情，対人関係能力など）を備えている。」とされている。

京都大学の教職課程は，学術研究の力量を「E．課題探究力」として置くところに特色がある。それに対して，師範学校と高等師範学校の伝統を持つ広島大学は，授業指導の力量を重視し規準1から規準4まで細かく設定している。各大学が教師の専門的力量を示すことは，それぞれの教職課程の特色を自覚する役割を果たす一方，教職実践演習の実施が大学4年次に指定されたため，

卒業研究の仕上げと時期が重複し，大学における教員養成に困難をもたらした。

(3) 授業以外の経験が学生の成長に与える影響と教員養成の課題

京都大学の教職課程（中高教員免許）は，教師として求められる力量に「A. 教職に求められる教養，B. 生徒理解と人間関係構築力」をあげ，広島大学の「教員養成広大スタンダード（幼・小免許用）」は，「規準8：教育者に求められる資質や能力（使命感，教育的愛情，対人関係能力など）を備えている。」をあげていた。両者とも，授業に必要な知識や技能の他に，「人間関係能力」や「使命感，教育的愛情，対人関係能力など」という幅広い人間性の能力を教師として求められる力量に含めて考えている。

毛利猛（2020）は，国立大学教員養成学部長としての経験を踏まえ，教員養成の学生の問題点として学力不足と人間関係能力の低下をあげた。そして，教員養成に入学する前の青年が少子化と高度情報化社会の進展により他者と人間関係を築き，コミュニケーションする力を減退させていることに加え，教員養成においても部活動やサークル活動の参加率が減少し，無意図的に形成されてきたこれらの能力が減退していると述べた。さらに，2020（令和2）年度入学生からはコロナウイルス感染拡大により対面的な授業に加え，部活動やサークル活動に制限がかかり，これらの能力育成にさらなる困難が生まれたのである。毛利猛（2020，p.30）は，これらの能力は日本の教師に求められてきた「『教師集団』として，お互いに協力し合い，触発し合う関係」を持つための必須の能力であり，この減退が今後の教員養成に大きな不安を抱かせるという。

幅広い人間性の能力を教師として求められる力量に含めて考えることについて，岩田（2022，pp.119-120）は次のように述べる。キリスト教を文化的背景に持つ英米の教員は，「専門職」としてある限られた分野の高度な知識・技能を神から託されるという形で権威づけられる。これに対し，日本（および仏教・儒教文化のアジア諸国）の教員の場合，「先生＝先に生まれたもの」や「師範＝手本を示す者」として，その権威や信頼は本人の人格的要素に依存することになる。その結果，日本の教員は「教える人＝teacher」であるのみならず，

「複数の分掌を担うadministrator」「児童生徒の相談相手counselor」「家庭環境に問題を抱える際に解決を担うsocial worker」「放課後の部活動のinstructor」, さらには「校区の治安維持・安全管理を担うguardianあるいはpoliceman」という多様な役割を同時に期待される。そもそも日本の教師に求められる専門的力量には人格的資質が含まれているので，教師の資質の提示とその保証を意図することは非常に困難なのである。

4. 今後求められる教員養成

岩田（2022，pp.135-160）は，人格的資質を教師に求め，教員養成制度が近似する東アジアの中国（本土），台湾，香港，韓国と日本の教員養成を比較研究した。それによると，教員養成の総定員を中央で量的にコントロールしていないのは日本のみであり，中高教員免許について日本と同様の「開放制」をとる韓国では，教員養成評価機関の評価により，一般大学の教職課程の履修者数が制限されている。日本でも民主党政権下の2010（平成22）年12月，教育副大臣（当時）の鈴木寛氏が教職大学院協会のシンポジウムで講演し，中学校の教員免許状の発行数（約5万）と採用数（2千）のアンバランスを指摘し，教育実習生を2万人から5000人に抑制する構想を述べた。しかし，その後の政権交代でこの構想は立ち消えになった（岩田，2022，pp.151-154）。「教育実習公害」と呼ばれる現状を改善し教育実習を改善するための教員養成制度の改善が望まれる。

教員養成の授業に関しては，コロナウイルス感染に伴いオンライン授業が開発され，各自の教材視聴と課題提出によるオンデマンド型，オンラインでの遠隔参加を必須とするオンライン参加型，教室の対面授業でのオンライン教材活用などの多様な形態で実施されている。多人数で模擬授業を実施する場合も指導案の共同作成にオンラインを活用し，模擬授業の反省会を行った後にオンラインに置いた模擬授業映像を視聴して再度自己評価し，反省会の提出物をオンラインからFormsで提出するように，ICTを活用した授業改善が求められる。オンライン授業が体調不良者の授業参加を保証するなどのメリットがあること

を生かしながら，同時に対面授業でこそ可能な対話や討論を行い，受講生のアクティブな活動を保障する授業改善が求められている。また，国立の教員養成系大学・学部で指導している模擬授業や教育実習は，①複数の学生による指導案作成，②（模擬）授業の実施，③授業の反省会，④反省会の結果を生かした次の指導案の作成という内容を含んでいる。これは，学校で授業研究を実施する教師に求められる資質・能力を準備する学習を意味している。このような教員養成の良質な学習経験は，現職研修の充実にもつながっていくのである。

授業に必要な知識や理解の他に，「人間関係能力」や「使命感，教育的愛情，対人関係能力など」という幅広い人間性の能力を教師として求められていることを考えると，大学の授業で実施できることは限られる。コロナウイルス感染でさらに悪化した，新入生歓迎や学園祭などの学生中心の行事，体育会や文化サークルの部活動の活性化は学生の幅広い人間性の形成に重要と思われる。

2023（令和5）年6月21日の朝日新聞に「新任教諭増える退職」として，「公立学校の教員に正規採用されたのに，1年以内にやめるケースが増えている。」と報道された。このような新任教諭の厳しい状況を受け，岩田（2021）は，若い教員の負担軽減策として，「新規採用から一定期間は学級担任や校務分掌を委ねない」「学校の管理運営的業務に必要な内容は修士レベルの上級免許にゆだね，学部の教職課程では教育経営・行政関連の科目をカットして授業づくりや生徒指導に注力する」ことを提言している。教員の労働環境の改善に加えて教員養成の教職課程認定制度自体を改善すべき時期に来ているのではないだろうか。

（木原成一郎）

参考文献

朝日新聞（2023）「新任教諭，増える退職　目立つ精神疾患，09年度以降で最多」https://www.asahi.com/articles/DA3S15667256.html

朝日新聞（2023）「教員の志願者，減少続く　過去最低の地域も『長時間労働を敬遠』」https://www.asahi.com/articles/ASR9M5450R7DUTIL03B.html

石井英真（2013）「教師に求められる専門的能力とは何か」西岡加名恵・石井英真・川地亜弥子・北原琢也『教職実践演習ワークブック』ミネルヴァ書房，pp.6-9.

岩田康之（2021）「新任教師の負担，軽減を」『日本経済新聞』（2021.11.9）
岩田康之（2022）『「大学における教員養成」の日本的構造』学文社．
教員養成広大スタンダード（2007）https://momiji.hiroshima-u.ac.jp/momiji-top/learning/e-port/hirodaistandard.html
瀧本知加・吉岡真佐樹（2009）「地方自治体による『教師養成塾』事業の現状と問題点」『日本教師教育学会年報』18，pp.48-60．
中央教育審議会（2006）「今後の教員養成・免許制度の在り方について（答申）」https://www.mext.go.jp/b_menu/shingi/chukyo/chukyo0/toushin/1212707.htm
寺崎昌男・林三平・山田昇「第7章　総括と提言」（1971）『戦後日本の教育改革8　教員養成』東大出版会，pp.545-562．
日本教育大学協会「モデル・コア・カリキュラム」研究プロジェクト（2004）「教員養成の『モデル・コア・カリキュラム』の検討」
毛利猛（2020）「少子化の中の教員養成と教育学」『教育学研究』87（2），pp.27-37．
山﨑準二（2023）『教師と教師教育の変容と展望』創風社．
米沢崇（2008）「我が国における教育実習研究の課題と展望」『広島大学大学院教育学研究科紀要　第1部』57，pp.51-58．

第18章

激動する社会の中で教育実践を支える教員研修

1.「新たな教師の学びの姿」の制度化

　2019（令和元）年4月からの第10期中教審諮問から第11期にわたる審議の中において，教員免許更新制の存廃だけでなく，教師の研修制度の改革の方向性について，研修の根本的な在り方と研修環境の変化を踏まえた議論が行われた（加治佐，2022）。そのまとめが「『令和の日本型学校教育』を担う新たな教師の学びの姿の実現に向けて 2021（令和3）年11月」（以後，審議まとめ）である。

　これを受けて「教育公務員特例法及び教育職員免許法の一部を改正する法律」（以後，改正法）が2022（令和4）年5月18日に公布され，教員免許更新制が7月1日に廃止，「改正教育公務員特例法に基づく公立の小学校等の校長及び教員としての資質の向上に関する指標の策定に関する指針の改正等について（通知）」が8月31日に発出された。本節では，これらの動きをふまえ，新しく国が指し示した教員研修の在り方を整理，検討したい。

（1）教員の職責としての研修

　教育基本法第9条には，「法律に定める学校の教員は，自己の崇高な使命を深く自覚し，絶えず研究と修養に励み，その職責の遂行に努めなければならない。」と定められている。「研究」とは，教育的知見の獲得を目指す行為であり，「修養」とは教師としての人格を磨き，精神を鍛える活動である（独立行政法人教職員支援機構，2018，p.2）。「研修」とは，これらを纏めた意味をもつ。

教員研修には、職務命令によって参加する「職務研修」と勤務時間外に自主的に行う「自主的な研修」がある（黒田、2019、p.127）。この自主的な研修に励むことはもちろんであるが、実際には校務の多忙化等により研修の時間確保は難しい。そのため、勤務時間内に行う職務研修の機会は貴重である。

(2) 教師の学びを支える職務研修

教員には研修の機会が法的に与えられている（教特法第22条）。校内研修やOJT（On the Job Training）などの研修は、もっとも身近な機会である。他にも、授業に支障のない限り、本属長の承認を受けて勤務場所を離れて行う研修（同第2項）や任命権者の定めるところにより、現職のままで長期にわたり行う研修（同第3項）がある。

図18-1（次ページ）は、改正法をふまえ文部科学省が示した、国や都道府

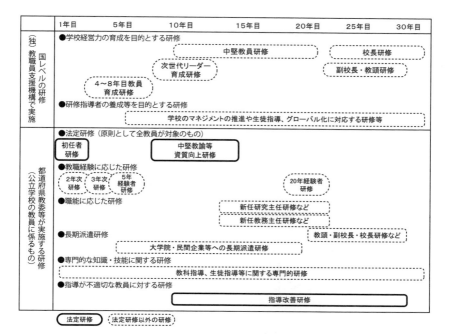

図18-1　教員研修の実施体系
（文部科学省、2023、p.1 より筆者が作成（図形の形等を一部改変））

県教育委員会などが実施する教員研修の実施体系である。法定研修である，正規採用教員1年目対象の「初任者研修」（教特法第23条）や採用標準10年を経過した教員を対象とした「中堅教諭等資質向上研修」（同第24条）などをはじめ，研修を主催する所や期間によって，多様な校外研修や長期派遣研修がある。

　しかしながら，図に示すもの以外にも，市区町村教育委員会が主催する研修，市区町村の小学校教育研究会（いわゆる「小教研」と呼ばれるもの）などが主催する教科や領域等の研究部会における研修，市区町村が運営する教育研究所における研修などのローカルな研修がある。これらのローカルな教員研修に派生して行われる研究発表会や代表者の公開授業研修等が教員の負担増となっていることもある。ゆえに，国レベルから市町村レベルまでの教員研修を見通した議論を展開しなければ，教員の多忙感は拭えないだろう。先述の通り，この市町村レベルの研修の他に，もっとも身近な校内研修やOJTも実施されている。多種多様な研修機会があることはよいことであるが，各教員が「やらされ感」なく，安心して研修に参加できる仕組みづくりは急務である。

　また，昨今の教員不足という状況の中，研修に参加する教員の代替や出張旅費等の調整を考えながら，全教員の研修を確実にマネジメントしていく学校管理職の負担はかなり大きい。今後は，都道府県教育委員会等と市区町村教育委員会等で重複する研修内容を調整し，研修のスリム化とともに遠隔参加などの研修環境の選択制にも取り組むことも必要になってくるだろう。

(3) 改正法の趣旨とポイント

　先に述べた「審議まとめ」(2021)において，「令和の日本型学校教育」を担う新たな教師の学びの姿として，「学び続ける教師」「教師の継続的な学びを支える主体的な姿勢」「個別最適な教師の学び，協働的な教師の学び」「適切な目標設定・現状把握，積極的な『対話』」などの七つの視点が示された（pp.11-18）。

　これを受けて，校長および教員の資質の向上のための施策をより合理的かつ効果的に実施することを目的とする改正法では，①「公立の小学校等の校長

及び教員の任命権者等による研修等に関する記録の作成」（教特法第22条の5第1項及び第2項），②「資質の向上に関する指導及び助言等に関する規定の整備」（同第22条の6第1項〜第3項等），③「普通免許状及び特別免許状の更新制に関する規定を削除する」などの措置を講じている。

次節では，特に先述の①に関して，「研修履歴を活用した対話に基づく受講奨励に関するガイドライン」（文部科学省，2022（令和4）年8月，2023（令和5）年3月一部修正）（以後，ガイドライン）に基づき，2023（令和5）年度よりスタートした新たな教員研修制度について見ていきたい。

2. 研修履歴を活用した対話に基づく受講奨励

(1) 受講奨励の主体に求められるもの

対話に基づく受講奨励の対象には，校長等の学校管理職も含まれる。そのため，受講奨励の主体は以下のように異なる。

【学校管理職以外の教師への対話の場合】
　校長は，所属職員を監督し，人材育成を含む校務全般をつかさどる立場にあることから，学校組織を構成する個々の教師の資質向上を促す第一義的な責任主体と言える（ガイドライン，p.14）。

【校長等の学校管理職への対話の場合】
　校長については，一義的には服務監督権者である教育委員会等が，研修履歴を活用した対話に基づく受講奨励の主体となる（ガイドライン，p.17）。

新たな教員研修では，研修履歴を活用しながら，対話を通して教師の意欲や主体的・自律的な学びの姿勢を生かしつつ教師の成長を促していく。その教師達の対話の相手となる校長の責任は大きい。加治佐（2022）は「新たな学びの姿の成否は，校長次第と言っても過言ではない」(p.21)とし，「新たな学びの姿は，校長の行う人材育成の効果を高めるために新たに装備されたツールと考えるべきである」（同）と述べる。

したがって，校長をはじめとする学校管理職には，自らが学び続ける姿勢を示し，人材育成のプロフェッショナルとしての人間性を磨き，自身の教育的

知見を豊かで広いものにすることが求められる。既存の研修システムに教員を当てはめるための「面談」では、さらによりよい学校文化や教育の創造は見込めない。「対話に基づく」と称される意味においては、個々の教員の希望や適正に基づいた職能開発や成長を促す研修内容を共に考えたり、新たな研修の在り方を開拓したりすることが重要となってくる。

(2) 研修履歴の記録の範囲

研修記録の履歴の範囲は、ガイドラインにおいて以下のように示されている。

> ①必須記録研修等
>   ⅰ）研修実施者が実施する研修
>   ⅱ）大学院修学休業により履修した大学院の課程等
>   ⅲ）任命権者が開設した免許法認定講習及び認定通信教育による単位修得
> ②その他任命権者が必要と認めるものに含まれ得る研修等
> ・職務研修として行われる市町村教育委員会等が実施する研修等
> ・学校現場で日常的な学びとして行われる一定の校内研修・研究等
> ・教師が自主的に参加する研修等
>
> （ガイドライン, p.8）

①に関する研修は、どの研修が該当するかを判断しやすいが、②の「日常的な学び」や「自主的に参加する研修」は、多様なスタイルで行われるために記録するかどうかの判断が難しい。ガイドラインには、「情報伝達を目的とするものや、例年確認的に行われているものなどは、記録のための記録となり、教師の負担が高まる可能性があり、記録にはなじまない」(p.11)と書かれているが、どの研修を記録するのかは都道府県によってまちまちである。

②の自主的な研修の範囲について、例えば、宮崎県教育委員会の手引きでは、「記録自体が目的にならないように留意」すれば、教師の申告によって、勤務時間外や休日、週休日に行う自主的な研修や集合研修、オンライン・オンデマンドでの研修の受講についても記録可能である。研修の主催については、言及していない。一方、福島県教育委員会の手引きでは、「校外での自主的な

研修」について，「有志等が私的に組織した研究団体による研修会等」は記録の範囲外と明記されている。

　今後，どのような自主的な研修への参加が，教師の職能成長によい影響を与えているのかを検証することで，「自主的な研修」の範囲について議論されることを期待したい。大切なのは，「どの研修を記録したか」ではなく，「どの研修に自主的に参加し，どのような効果があったのか」であろう。

（3）研修履歴の記録にあたって～香川県の制度設計を例に～

　研修履歴の記録については，研修の効果的・効率的な実施から離れて，記録すること自体が目的化することがあってはならない（ガイドライン，p.6）ため，記録の簡素化を図るよう留意するようと述べられている（同）。

　実際の記録場面を考えて，この2022（令和4）年8月のガイドラインの発出以降，各都道府県教育委員会のホームページなどにおいて，PDF形式にて手引きやリーフレット等の公開，周知のための情報提供がなされている。この点において，各教員が必要な情報を手早く抽出できる制度設計をしているのが，香川県教育センターの情報提供である。香川県教育委員会は，「研修履歴を活用した対話に基づく受講奨励の手引」を2023（令和5）年3月に発出している。

　まず，香川県教育センター教職員研修課「研修履歴を活用した対話に基づく受講奨励について」のページを開くと，簡単な概要説明の後，第一に「研修履歴に関する資料のダウンロード」，第二に「研修履歴シートへの転記データ」，第三に「香川県教員等人材育成方針」の順でリンクが貼られている（2024（令和6）年1月24日現在）。記録する教員が実際に使用したり探したりする順に列挙されている点が秀逸である。

　必要書類等へのリンクの次には，「教員に知らせたい」または「教員が知りたい」情報が，11項目のQ（質問）として挙げられている。そして，11項目のQ（質問）の下に，ダウンロードデータが研修種類別にファイルアイコンで簡潔に示されている。自身が受けた研修をクリックし，データを自身の研修履歴シートにコピーペーストをすればよいため，空欄部分に受講した研修の気づ

きや所感を 150 字ほど記入すれば記載が完了するようになっている。

　このように，教員が必要な情報にアクセスしやすい制度設計による情報提供は，気づきや所感の記述への前向きさをもたらす。一教員の教職人生は，約 40 年間に及ぶ。研修履歴の記録の効果を検証するためには，少なくとも 20 年は制度の維持が必要である。13 年 3 カ月で廃止となった教員免許更新制と同じ轍を踏まぬよう，多忙な教員にとって持続可能な制度設計は必須となる。

（4）多様な研修環境

　2020（令和 2）年からの新型コロナウイルス感染症（COVID-19）の流行を境に，教員研修にも多様な研修環境が提供されるようになってきた。「公立の小学校等の校長及び教員としての資質の向上に関する指標の策定に関する指針」（2022（令和 4）年 8 月）にも，研修の実施方法の例として，対面・集合型，同時双方向型のオンライン，オンデマンド型のオンラインなどが示されている。

　近年，オンデマンド型の研修動画やWeb研修サイトなども充実してきており，教員にとって学びやすい環境が整ってきている[1]。しかしながら，研修時間と場所の縛りがないオンデマンド型の研修は，勤務時間内の時間確保が難しい場合，家庭への持ち帰り研修となる怖れもあるため，教師のワークライフバランスを配慮した受講奨励が必要となるだろう。

　また，次年度採用候補者に対し，「採用前研修」として研修動画等の視聴を奨励したり，日時指定の集合・対面型の「事前研修」を呼びかけたりする教育委員会等が増えてきている。採用前の学生や社会人に対し，「『いま』の本業」と並行して，10 月中旬の合格後から採用前研修をスタートすることが，採用候補者に二重の負担にならぬよう，教育委員会等は十分に配慮する必要がある。

3. 教育DXがもたらした校内研修の変化〜授業研究を中心に〜

　校内研修は，これまで述べてきた「主催者」による制度化された研修とは異なり，学校・地域・児童の実態，そして教員らの求めに応じて，研修内容と方法を自在につくることができる。特に，校内研修の充実は，教師同士の学び合いを通じた協働的な学びへと連接する。本節では，近年の教育DXの促進による校内研修（特に，授業研究）の変化を見ていきたい。

（1）教育DXによる校内研修環境の変化

　日本の授業研究（レッスン・スタディー）への世界からの関心が一度に引き上がったのが，1999（平成11）年秋にスティグラーとヒーバートによって出版された「The Teaching Gap」によってである（吉田，2002）。それから40年を経た現在，教育DX（デジタル・トランスフォーメーション）の推進により，授業や校務に単にICT機器を取り入れるだけでなく，学習や校務の環境および内容の刷新が顕著になってきている。筆者が関わっている校内研修（特に授業研究）での取組においても，環境面において以下のような変化が見られた。

〔授業観察場面において〕
- ○　多数の教員が一斉に授業研究会場に入室することを止め，同時双方向型で授業をサテライト教室に中継する。
- ○録画して，不在の教員も観察できるようにする。

〔授業後の協議会において〕
- ○　タブレット端末等を通して授業者へのコメントを各自提出した後，研修担当が論点を絞り，全体での協議に入る。
- ○　協議にて話題となった場面について，録画した授業場面を再度視聴する。
- ○　ソフトなどを活用して協議会の議事録を作成し，要点を共有する。

(2) 教育DXがもたらす学び合いと協働性

　これまでのフォーマルな授業研究の場合，授業者である教員が指導的立場にある外部講師（以後，講師）と関わるのは，①学習指導案の送付の際，②授業公開時，③授業後の指導・助言の際といった場面においてであった。そのため授業者は「指導される」という緊張の中に置かれ，それを周囲の教員が見たり助言したりという構図が生じがちであった。しかし，ICTの活用でインフォーマルな研修機会が創出されたことにより，その構図にも変化が生じている。その具体と効果を以下に挙げておこう。

　○　講師と授業者を含む学校関係者でチャットグループ等を作成し，授業研究の進捗や前時までの授業の板書や児童の発言等を共有する。

〔効果〕教師の悩みや苦労，日常的な取組を講師と教員集団が理解した上で，授業公開に臨むことができる。／教員同士がチャットの閲覧を通して授業に対する理解を深めたり授業研究の進め方を参考にしたりできる。

　○　学習指導案を書く前や途中に，オンライン・ミーティング等を通じて講師と授業者らがともに授業について話し合う。

〔効果〕講師が日常的なミーティングに混じることで，「外部に見せるためのよそ行きの授業公開」からの脱却を図り，研修の日常化を促すことができる。

　このように，講師や教員同士の関わりに自由度や柔軟性がもたらされると，多様な他者が授業作りに参加しやすくなる。教員研修が，よい意味で人間観関係をほぐし，開かれた学校としての役割を担うことを期待したい。

（山田深雪）

注
1) 動画コンテンツ等であれば独立行政法人教職員支援機構「新たな教師の学びのための検索システム」，Webサイトであれば文部科学省の「教師の学びのための検索システム」などがある。

参考文献

香川県教育委員会(2023)「研修履歴を活用した対話に基づく受講奨励の手引」https://www.kagawa-edu.jp/educ01/file/6919

香川県教育センター教職員研修課「研修履歴を活用した対話に基づく受講奨励について」https://www.kagawa-edu.jp/educ01/plugin/cabinets/changeDirectory/154/609/1716#frame-609

香川県教育センター教職員研修課「研修履歴を活用した対話に基づく受講奨励に関するガイドラインについて/研修履歴シートへの転記データ（県教育センター)/基本研修/101 初任者研修（小・中).xlsx」https://www.kagawa-edu.jp/educ01/plugin/cabinets/changeDirectory/154/653/1722#frame-653

加治佐哲也(2022)「なぜ『新たな教師の学びの姿』が求められるのか」『月刊教職研修』11, pp.20-21.

黒田友紀(2019)「学び続ける教師」佐久間亜紀・佐伯胖『現代の教師論』ミネルヴァ書房, pp.123-138.

独立行政法人教職員支援機構(2018)「教職員研修の手引き2018」https://www.nits.go.jp/materials/text/files/index_tebiki2018_001.pdf

文部科学省(2021)「『令和の日本型学校教育』を担う新たな教師の学びの姿の実現に向けて（審議まとめ)」https://www.mext.go.jp/content/20211124-mxt_kyoikujinzai02-000019122_1.pdf

文部科学省(2022)「改正教育公務員特例法に基づく公立の小学校等の校長及び教員としての資質の向上に関する指標の策定に関する指針の改正等について（通知)」https://www.mext.go.jp/b_menu/hakusho/nc/mext_00052.html

文部科学省(2022)「研修履歴を活用した対話に基づく受講奨励に関するガイドライン（令和5年3月一部修正)」https://www.mext.go.jp/content/20230331_mxt-kyoikujinzai01_000023812-1.pdf

文部科学省(2023)「教員研修の実施体系」https://www.mext.go.jp/content/20230328_mxt-kyoikujinzai01_100002375-1.pdf

吉田誠(2002)「アメリカ教育界における授業研究への関心：期待と日本の教師へのその意味」『日本数学教育学会誌』83, 4, pp.24-34.

Stigler, J. W. & Hiebert, J. (1999). *The teaching gap: Best ideas from the world's teachers for improving education in the classroom*. The Free Press.

第19章

初等教育に関する学術研究の課題と展望
── 〈初等 χ〉〈普通教育 χ〉のための新しい革袋作成のための覚書 ──

1. 〈初等教育〉の〈初等〉の意味

　現代私たちは，〈初等教育〉という言葉／表現の，特に〈初等〉という言葉／表現に，どのような「意味」を込めて使っているだろうか（本稿での〈初等教育〉とは，初等教育という言葉（音声，文字）そのものを指す。以下同じ）。私たちが薄々感じているように，〈初等教育〉という言葉／表現の（〈初等〉という言葉／表現の）意味は定まっているとはいえない。ここでは，まず〈初等教育〉の〈初等〉という言葉／表現の意味を考える。

　幼稚園教育と小学校教育の接続や連携を論じる論文においては，例えば伊藤（2021）のような「幼児教育」と（「小学校教育」ではなく）「初等教育」の接続といった文言がすぐみつかる。「初等教育史」や「初等教育原理」といった書籍においても，すべてあるいは大半を「小学校教育」にあてた書籍も多く見られる。これらの，幼児教育と切り離された〈初等教育〉の〈初等〉という言葉／表現の意味を初等aと呼ぶ。初等a教育は事実上，小学校教育を指す。

　一方で，〈初等教育〉を，幼児教育を包含した概念として捉えているものもある。分かりやすいのは，雑誌「初等教育資料」である。これは，文部科学省の文部科学省教育課程課と幼児教育課が編集している雑誌であり，小学校教育と幼稚園教育についての資料や論考が収められている。しかし，保育所での保育については管轄外のためほとんど触れられていない。文部科学省のこの姿勢は，1949年制定された「文部省設置法」第二条三「『初等教育』とは，小学校

及び幼稚園における教育をいう。」を踏まえていると考えられる。

　教育行政上だけではなく，例えば，小森・長岡編（1988）も，初等教育の原理を説明する中で，幼稚園教育についても触れているが保育所についての記述はわずかである。さらに乙訓編（2013）の書籍では，幼稚園と小学校教育とが，サブタイトルの「初等教育の原理」のもとに，まとめられている。このように，幼児教育を包含しながらも保育所の保育を切り離している〈初等教育〉の〈初等〉という言葉／表現の意味を初等bとする。初等b教育は，小学校教育と幼稚園教育とを包含したものである。

　一方，藤井穂高は一連の著作（1997，2016，2021など）で，フランスの保育学校（母親学校）の歴史と現状の研究を通して，「初等教育としての保育」の必要性を訴える。「初等教育としての保育」には，「すべての幼児を対象とする初等教育であるから，そこには当然ながら保育所も含まれる」（藤井，1997，p.6）わけで，「ともに同じ目的を分かち持つものが，互いの保育・教育を見通しながら，一体として保育・教育を進めることを求める」（藤井，1997，p.6）ものである。このような〈初等教育〉の〈初等〉という言葉／表現の意味を初等cとする。初等c教育は，小学校教育と幼稚園教育と保育所の保育を包含したものである。

　現代私たちは，少なくとも初等a, b, c教育という3つの意味を持つ〈初等教育〉の〈初等〉を，ある場合は意図的にあるいは無意識に使い分け，ときには他者とすれ違ったまま使っている。

2.〈初等教育〉の〈教育〉の意味

　それでは，〈初等教育〉の〈教育〉は，どのような意味を持つものだったのだろうか。そのことを，日本国憲法制定にまつわる出来事からみてみることにする。

　私たちが現代の日本の教育を考えるとき，その原点にあるのは日本国憲法である。日本国憲法の第26条の第2項には「すべて国民は，法律の定めるところにより，その保護する子女に普通教育を受けさせる義務を負ふ。義務教育

は，これを無償とする。」とある。ただ，草案の段階（例えば1946（昭和21）年4月17日に発表された「憲法改正草案」）では，「②「すべて国民は，その保護する児達に初等教育を受けさせる義務を負ふ」③「初等教育は，これを無償とする」と2つに分かれており，「普通教育」そして「義務教育」が「初等教育」であった（武田，1996，p.126）。しかも，この草案より1カ月前に日本政府から占領軍総司令部に出されたいわゆる「3月2日案」では「初等教育」の部分が「普通教育」であり「あれこれ議論したすえに「普通教育」という言葉に落ち着いた」（武田 2000）のであった。

この，日本国憲法制定時の出来事にみられる，〈初等教育〉と〈普通教育〉とが，置換可能，あるいは少なくとも類似したい意味を持っていたということはどういうことなのだろうか。それを考えるために，今度は〈普通教育〉という言葉／表現の意味について考える。

明治期からの普通教育の概念について研究している武田晃二は，武田（1996）で，日本国憲法の〈普通教育〉の概念に関わって，「文部省は5月（1946（昭和21）年5月のこと　難波注）以降「新教育指針」を全国に配布したが，その第一部後編「新日本教育の重点」第一章「個性尊重の教育」においても「教育は人間を人間らしく育てあげることを目的とする」と明確に主張した。これらの文書には「普通教育」についての直接的な記述はないが，内容的には普通教育の理念・教育内容に言及したものと言えよう」（p.136）と述べている。日本国憲法の〈普通教育〉は，「人間を人間らしく育てあげる」教育のことであった。

これを小森（1988）の「普通教育（General Education）にも2つの側面がある。一つは，専門教育・職業教育に対して基礎的一般的（general）な教育，もう一つは，その時代その社会の人々がすべて（generally）共有すべき普遍的な教育という側面である。」（小森，1988，p.8）という定義に従って考えると，日本国憲法の〈普通教育〉は，「その時代その社会の人々がすべて（generally）共有すべき普遍的な教育」という後者の意味を持つことになるだろう。これを，普通教育aと呼ぶことにする。それに対して，前者の「専門教育・職業教育に対して基礎的一般的（general）な教育」の意味の〈普通教育〉を，普通教育b

とする。

　日本国憲法の精神に従えば，憲法第26条の第2項は普通教育aの意味を持つ〈普通教育〉で何も問題がなかったはずである。それでは，なぜ日本国憲法の条文作成時に，〈普通教育〉か〈初等教育〉とかという議論があったのか。そこには，「日本国憲法制定の過程で，すべての国民が子ども達に受けさせる義務を負うとされる教育を，同条第一項にいう広義の「教育」と区別して，どういう言葉で表現するか」（武田，2000）という教育の義務化の問題があった。

　日本国憲法には教育の義務化についての文言を入れることは決定されていた。その教育について，（教育段階としての）〈初等教育〉と表現するべきか，教育の理念としての〈普通教育〉と表現するべきか，議論があった。その議論の中で，すでに1939（昭和14）年から小学校を卒業した者を受け入れる学校として義務化され，戦後もその義務化を推し進めようとしていた青年学校関係者が，日本国憲法の〈初等教育〉という文言を使った「政府原案にたいして初等教育の義務年限延長や青年学校義務化を要求する立場から強い反対意見が表明された」（武田，1996，p.123）のである。

　こういった武田の論述を踏まえるならば，日本国憲法の草案にあった〈初等教育〉は，〈普通教育〉という言葉／表現の意味のうちの，「はじめの段階の普通教育a」という意味であったといえるだろう。だから，日本国憲法の草案にあった〈初等教育〉は〈初等普通教育〉と言い換えてもよいかもしれず，その意味は初等普通教育aとすることができる。

　しかし，〈初等普通教育〉という言葉／表現の意味は，一筋縄ではいかないものであった。

3.〈初等普通教育〉の意味と〈初等普通教育〉の消失

　戦争期の日本には，国民学校というものがあった。1941（昭和16）年に公布された国民学校令では，第一条「国民学校ハ皇国ノ道ニ則リテ初等普通教育ヲ施シ国民ノ基礎的錬成ヲ為スヲ以テ目的トス」とあり，ここには，〈初等普通教育〉という文言が見える。ここの〈普通教育〉は，「天皇のもとでの臣民・

国民形成に資する教育」のことである。

　この流れは，1891（明治24）年において「江木千之は「帝国小学教育ノ本旨」という講演において「国民教育」論を強調するとともに，それを「全国ニ普及」するという意味において「普通教育」という言葉を用いた。江木の見解はその後の政府・文部省の教育政策の基調となった。」（武田，1996, pp.135-136）ところから始まったものである。

　一方，明治初期における「第1次教育令（明治12年制定）において小学校の教育目的は「普通教育」とされたが，制定に先立つ文部省原案では「人間普通欠ク可ラサルノ学科」であった」（武田，1996）。この時点での〈普通教育〉という言葉／表現の「意味」は，普通教育 a（「その時代その社会の人々がすべて（generally）共有すべき普遍的な教育」）であった。それが，「明治20年前後に人間への着目から国民・臣民へという普通教育政策上の理念転換が図られ」（武田，1996），「人間形成一般の教育」から「天皇のもとでの臣民・国民形成に資する教育」という概念に転換し，先の江木の見解となった。

　この「天皇のもとでの臣民・国民形成に資する教育」という意味での〈普通教育〉を，普通教育 c とする。戦前においては，〈普通教育〉の意味は，最初普通教育 a から始まり次第に転換し普通教育 c となったのである。

　戦後に入り，日本国憲法を受けて，教育基本法，そして学校教育法が制定された。このときの学校教育法（1947（昭和22）年制定）では，「第十七条　小学校は，心身の発達に応じて，初等普通教育を施すことを目的とする。」となった。ここで注目するべきは，国民学校令で使われた，〈初等普通教育〉というまったく同じ言葉／表現が，小学校の部分に使われていることである。

　先に見たように，日本国憲法の〈初等教育〉の意味は，初等普通教育 a であった。一方，国民学校令での〈初等普通教育〉とは，初等普通教育 c であった。制定された学校教育法の〈初等普通教育〉が，国民学校令の〈初等普通教育〉と同じであるとは考えられないことである。しかし，同じ言葉／表現を使ってしまった。

　それでは，学校教育法の〈初等普通教育〉の〈普通教育〉はどういう意味を持つのだろうか。日本国憲法の理念から見れば，普通教育 a（その時代その社

会の人々がすべて（generally）共有すべき普遍的な教育）のはずである。

　ここで注目するべきは，学校教育法の高等学校の部分である。ここを見ると，「高等普通教育及び専門教育を施すこと」となっている。この文言から考えられることは，高等学校の〈普通教育〉の意味は，普通教育b「専門教育・職業教育に対して基礎的一般的（general）な教育」ということである。

　そもそも〈高等普通教育〉という言葉／表現は，戦前から法令で使われていた。1918（大正7）年制定の「第二次高等学校令」では「第一条　高等学校ハ男子ノ高等普通教育ヲ完成スルヲ以テ目的トシ特ニ国民道徳ノ充実ニ力ムヘキモノトス」とある。天野（1986）によれば，「『高等普通教育』の概念が，つねに特定の社会階層の存在を想定し，あるいは意識しながら問題にされてきたもの」としている。ここでの，「普通教育」は，普通教育b（「専門教育・職業教育に対して基礎的一般的（general）な教育」）であり，かつ，普通教育c「天皇のもとでの臣民・国民形成に資する教育」でもあったといえる。

　制定された学校教育法に戻って考える。学校教育法の〈高等普通教育〉の〈普通教育〉は，普通教育cの意味ではなく普通教育bの意味である。このことを踏まえると，学校教育法の〈初等普通教育〉の〈普通教育〉も普通教育bの意味だろう。この時点で日本国憲法の〈普通教育〉（普通教育a）と学校教育法の〈普通教育〉（普通教育b）とは意味がずれてきている。

　さらに大きな変容があるのが，2018（平成30）年に改定された学校教育法である。ここでは，「第二十九条　小学校は，心身の発達に応じて，義務教育として行われる普通教育のうち基礎的なものを施すことを目的とする。」「第四十五条　中学校は，小学校における教育の基礎の上に，心身の発達に応じて，義務教育として行われる普通教育を施すことを目的とする。」「第五十条　高等学校は，中学校における教育の基礎の上に，心身の発達及び進路に応じて，高度な普通教育及び専門教育を施すことを目的とする。」となっている。

　〈初等～高等普通教育〉という言葉／表現は消え，小学校―基礎的な普通教育，中学校―基礎の上にたった普通教育，高等学校―中学校の基礎にたった高度な普通教育と専門教育」ということになり，ここでの〈普通教育〉が明確に，普通教育b「専門教育・職業教育に対して基礎的一般的（general）な教育」

として打ち出されたのである。

　しかも学校教育法が改定される前に改定された教育基本法では，第2条5に，「伝統と文化を尊重し，それらをはぐくんできた我が国と郷土を愛する」という文言が付け加えられている。これを受けて改定された学校教育法の〈普通教育〉には，戦前の〈普通教育〉に込められた意味の一つである普通教育c「天皇のもとでの臣民・国民形成に資する教育」とまではいかなくとも，「国民形成に資する教育」（これを普通教育dとする）という意味が込められている可能性が高い。

　このように〈普通教育〉という言葉／表現の意味は，言葉そのままに，次々と意味が変わり，あるいは付け加えられてきたのである。日本の教育史は「制度改革の歴史であるといってもいいすぎではない」（天野, p.5）。こうして，私たちは，〈普通教育〉という古い革袋に，為政者の都合によって次々と，新しい酒が入れ替えられている歴史を目の当たりにすることができる。そして，このことによって，〈初等教育〉の意味も翻弄されてきたのである。

4. 初等$_x$教育$_x$に向けて

　ここまで，〈初等教育〉という言葉／表現の意味を，〈初等〉と〈教育〉に分けてみてきた。そこには，少なくとも，次のような差異が隠れていた。

〈初等教育〉
　Ⅰ　〈初等教育〉の〈初等〉の意味
　　初等a＝小学校　　初等b＝小学校＋幼稚園　　初等c＝小学校＋幼稚園＋保育所

　Ⅱ　〈初等教育〉の〈教育〉の意味＝普通教育のこと（保育含む）
　　普通教育a　人々がすべて共有すべき普遍的な教育
　　普通教育b　専門教育・職業教育に対して基礎的一般的な教育
　　普通教育c　天皇のもとでの臣民・国民形成に資する教育
　　普通教育d　国民形成に資する教育
　　　　　　　　　　　（普通教育abcdは組み合わせて使われることがある）

　教育行政や教育制度は，〈普通教育〉の意味を大きく変えているにもかかわ

らず（安易にあるいは意図的に）同じ語句を使い続けてきた。このことは公的機関に限らない。言葉や表現についての意識の薄さは，私たちが〈初等〉という言葉／表現を（安易にあるいは意図的に）異なる意味にもかかわらず使い続けてきた姿と連続している。

　ここから露わになることは，公的機関を含めた人々が，いかに〈初等教育〉という言葉／表現に自身の欲望を結びつけ，すれ違ったまま初等教育（保育）を行ってきたか，その無責任さと哀れな初等教育の姿である。

　「だれも，新しいぶどう酒を古い革袋に入れたりはしない。そんなことをすれば，新しいぶどう酒は革袋を破って流れ出し，革袋もだめになる。新しいぶどう酒は，新しい革袋に入れねばならない。」（ルカによる福音書第5章，pp.37-38）とするならば，私たちは，ここにきて〈初等教育〉という言葉／表現を捨て去り，新しい革袋を用意する時期に来ているはずである。

　今求めるべきは，教育の主体者である子どもにとって〈初等教育〉はどうあるべきか，というただ一点である。こう考えると，〈初等教育〉という言葉／表現の意味は，まずは，「初等c＋普通教育a＝幼稚園と保育所と小学校における，人々がすべて共有すべき普遍的な教育」とならなければならないだろう。

　しかし，さらに考えるべきことがある。まずは，初等cの内容である。このままでは，小学校，幼稚園，保育所，という制度によって区切られた場所をただまとめたにすぎないものとなっている。これらの場所にはいない子ども達が不可視化されてしまう。

　金田（1995）は，すべての人の普通教育として，保育の教育をあげている。保育の教育とは「社会的機関での乳幼児保育の専門家を育てる教育と，親になってもならなくても，主権者として必要な国民の一般教養としてすべての人を対象に「次世代を育てる」ことの思想・技術の基礎を伝える教育との二種類がある」とした上で，「後者のそれは中学・高校生を対象とした保育教育である。この後者は，すべての青少年を対象とした普通教育であるところに特徴がある。」としている。

　金田は，保育の教育は，「単なる未来の親教育ではなく，すべての国民が持っていてほしい基礎教養としての自分自身を育てることも含めて，「育てる」

ことの教育」となることから，「次代に何らかの意味（保育・教育への税の負担や，地域におけるかかわり等）で応分の責任を果たす」教育，すなわち保育自体も普通教育として捉えられると考えている。

　こうして考えると，保育＝幼児教育は，幼稚園や保育所のみならず，家庭や地域，社会活動の中で行われる教育全般と捉えるべきであろうし，これらをすべて「次世代の教育」として普通教育の範疇で捉えることが必要である。このような，「あらゆる場面で展開される次世代の教育」の意味を持つ〈初等教育〉の〈初等〉を 初等$_x$＝あらゆる場面で展開される次世代の教育 としてみよう。

　初等$_x$の意味を持つ〈初等教育〉の〈教育〉は，普通教育であり，普通教育cのはずである。しかし先程の議論を踏まえれば，その教育が展開されるのが，学校であろうが幼稚園であろうが保育所であろうが家庭であろうが地域であろうが関係なくなる。これらを区別するのはすべて「上からの区分」にすぎない。しかしそのことは，「家庭の学校化」を意味することではまったくない（もちろん，幼稚園保育所の学校化でもない）。普通教育cの理念，人間形成に必要な「共通の一般的な」教育を様々な場所で展開するという意味での普通教育cである。しかも，この普通教育は，小学校中学校にとどまらず高校や大学その他の学校，社会人，家庭や社会と言うあらゆる場面にわたって生涯続く教育のことである。このように拡張された普通教育cを，普通教育$_x$＝生涯にわたって，あらゆる場面で展開される，その時代その社会の人々がすべて共有すべき普遍的な教育 としてみよう。

　こうして考えられた，新しい〈初等教育〉は，初等$_x$普通教育$_x$，すなわち，「生涯にわたって，あらゆる場面で展開される，その時代その社会の人々がすべて共有すべき普遍的な教育のうちの，次世代の教育にあたるもの」という意味を持つ。そして，このような新しい意味を持つ初等$_x$普通教育$_x$は，もはや〈初等教育〉という古い革袋に入れるわけにはいかない時期に来ている。

　教育制度や教育法規，教育行政に縛られず，既存の様々な学問領域に縛られず，今生きている子どもたちの「生涯にわたって，あらゆる場面で展開される，その時代その社会の人々がすべて共有すべき普遍的な教育のうちの，次世代の教育にあたるもの」を私たちが研究し実践し取り組み保証するための，新

しい革袋を作る必要がある。

　これからの初等教育研究／実践は，そろそろ，このまだ名も無い「初等$_x$普通教育$_x$」にふさわしい新しい革袋（名前）を作り，そこに子どもたちのための新しい中身を作る作業をしなければならない時期に来ていると考える。

（難波博孝）

参考文献

天野郁夫（1986）「高等普通教育と社会階層 ― 教育改革の歴史社会学 ― 」『教育社会学研究』41，pp.5-23.

伊藤博美（2021）「「ことばの教育」から見た幼児教育と初等教育の接続 ― 生きる力の基礎を培う言語活動 ― 」『椙山女学園大学教育学部紀要』14，pp.143–153.

梅根悟（1954）「初等教育の歴史とその将来」『実際家のための教育科学』教育科学研究所 編 1（7），pp.2-9.

乙訓稔編著（2013）『幼稚園と小学校の教育　初等教育の原理〔改訂版〕』東信堂.

金田利子（1995）「保育の教育とは何か-すべての人の普通教育として」『家庭科教育』69，pp.15-22.

小森健吉（1988）「小学校へ行きたがらない幼稚園児」小森健吉（編），長岡文雄（編）（1988）『新しい初等教育の原理』ミネルヴァ書房.

小森健吉・長岡文雄（編）（1988）『新しい初等教育の原理』ミネルヴァ書房

武田晃二（1996）「日本国憲法への「普通教育」概念の導入とその意義」『岩手大学教育学部研究年報』56（1），pp.123-138.

武田晃二（2000）「憲法調査会に望むもの」https://www.shugiin.go.jp/internet/itdb_kenpou.nsf/html/kenpou/chosa/ronbun11.htm

藤井穂高（2016）「初等教育としての幼児教育の今日的課題」『フランス教育学会紀要』29，pp.9-18.

藤井穂高（1997）『フランス保育制度史研究: 初等教育としての保育の論理構造』東信堂.

藤井穂高（2021）「幼児教育・保育の世界的動向　フランスの幼児教育 ― 学校教育の臨界 ― 」『比較教育学研究』63，pp.18-32.

事項索引

あ

アクティブ・ラーニング　16
あのね日記　142
新たな教師の学びの姿　192
安心　131
ウェルビーイング　9

か

開放制　182
学級制　108
学習指導要領　87
学習指導要領の法的拘束力　89, 102
学習の個性化　39
学制　97
教育経験　147
教員未配置　171
教員勤務実態調査　176
教職課程コアカリキュラム　182
教職実践演習　187
協働的な学び　67
言語　79
研修　166, 193, 195
校内研修　199
国民学校　100
国連からの勧告　154
個体史研究　146
子どもに開かれた教育課程　119
子どもの生活　21
個別最適化された学び　37
個別最適な学び　35, 67

さ

自己発揮　131

次世代の教育　210
指導の個別化　38
社会に開かれた教育課程　118
社会に開かれた生徒指導　167
自由進度学習　41
授業　2, 25
受講奨励　195
主体的・対話的で深い学び　15, 66
障害学　155
小学校教員養成　183
情報活用能力　56
初等教育　1
身体性　77
スタートカリキュラム　130
生活科・総合的学習　18
生成系AI　74
生徒指導　164
生徒指導提要　164
接続期　130

た

大学における教員養成　181
大正自由教育　99
対話　26
単元　27
地域教育計画　102
デジタル教科書　66
等級制　107
特別支援教育　156

は

働き方改革　171
深い学び　25

複式学級　*114*
普通教育　*204*
フルインクルージョン　*151*

ま
マルチモーダル　*59*
自ら「問う」　*27*

や
幼小接続　*130*
幼児教育　*18*

ら
ライフヒストリー研究　*144*

A
AIリテラシー　*82*

G
GIGAスクール　*45, 55*

I
ICT　*46, 55*

S
SAMRモデル　*46, 61*
SDGs　*120*
Society 5.0　*51*

執筆者一覧（五十音順　所属等は2024年10月末現在）

朝倉愛里（あさくら　あいり）　　　大正大学　職員　第7章2.
朝倉　淳（あさくら　あつし）　　　広島大学　名誉教授　序文　総論　第12章3. 5. 6.
池田吏志（いけだ　さとし）　　　　広島大学　准教授　第14章
上之園公子（うえのその　きみこ）　比治山大学　教授　第10章
加登本　仁（かどもと　ひとし）　　安田女子大学　准教授　第3章
神野幸隆（かみの　ゆきたか）　　　香川大学　准教授　第7章1. 3. 4. 5. 6. 7.
吉川修史（きっかわ　しゅうじ）　　兵庫教育大学　講師　第11章
木原成一郎（きはら　せいいちろう）広島大学　名誉教授　第17章
久保研二（くぼ　けんじ）　　　　　広島大学　准教授　第16章1. 2.
黒川麻実（くろかわ　まみ）　　　　愛知県立大学　准教授　第13章
髙下千晴（こうげ　ちはる）　　　　広島県呉市立荘山田小学校　教諭　第2章
谷口直隆（たにぐち　なおたか）　　広島修道大学　准教授　第5章
寺内大輔（てらうち　だいすけ）　　広島大学　准教授　第4章4. 5.
永田忠道（ながた　ただみち）　　　広島大学　教授　第9章
中西紘士（なかにし　ひろし）　　　広島修道大学　准教授　第16章3. 4. 5.
長山　弘（ながやま　ひろし）　　　盛岡大学　助教　第4章1. 2. 3.
難波博孝（なんば　ひろたか）　　　安田女子大学　教授　第6章2. 3.　第19章
森　美智代（もり　みちよ）　　　　福山市立大学　教授　第6章1.
森保尚美（もりやす　なおみ）　　　広島女学院大学　教授　第8章
山崎　茜（やまさき　あかね）　　　広島大学　講師　第15章2. 3.
山田深雪（やまだ　みゆき）　　　　玉川大学　准教授　第18章
米沢　崇（よねざわ　たかし）　　　広島大学　准教授　第15章1. 4. 5. 6.
渡邉　巧（わたなべ　たくみ）　　　広島大学　准教授　第1章　第12章1. 2. 4.

以下の者が編集にあたった。

朝倉　淳／池田吏志／加登本　仁／谷口直隆／永田忠道／松宮奈賀子／渡邉　巧

■編者紹介

初等教育カリキュラム学会

設　立　2016（平成28）年１月９日
所在地　739-8524 広島県東広島市鏡山 1-1-1　広島大学教育学部気付
E-mail　seec@hiroshima-u.ac.jp
URL　　https://seec-web.com/
学会誌　初等教育カリキュラム研究
　　　　Journal of Elementary Education and Curriculum

本学会は，日本学術会議協力学術研究団体です。

初等教育の未来を拓く
— 子どもと教師のウェルビーイングに向けて —

2024 年 12 月 16 日　初版第１刷発行

■編　　者──初等教育カリキュラム学会
■発 行 者──佐藤　守
■発 行 所──株式会社 大学教育出版
　　　　　　〒700-0953　岡山市南区西市 855-4
　　　　　　電話(086)244-1268㈹　FAX(086)246-0294
■印刷製本──モリモト印刷㈱
■Ｄ Ｔ Ｐ──林　雅子

© 2024, Printed in Japan
検印省略　　落丁・乱丁本はお取り替えいたします。
本書のコピー・スキャン・デジタル化等の無断複製は、著作権法上での例外を除き禁じられています。本書を代行業者等の第三者に依頼してスキャンやデジタル化することは、たとえ個人や家庭内での利用でも著作権法違反です。
本書に関するご意見・ご感想を右記（ＱＲコード）サイトまでお寄せください。

ISBN978-4-86692-328-4